Elke und Thomas Smidt

Sexualerziehung in der Grundschule

Werner Raith Verlag Starnberg

Projekte im Unterricht

ISBN 3—921121—63—9

Herstellung: Druckerei Fischer, Weilheim i. OB

Thomas Buchbinderei, Augsburg

Printed in Germany 1974

INHALT

1. DIE THEORIE

1.1. Sexualerziehung in der Schule

1.1.1. Begriffsklärung und Zielsetzung

Gerade in letzter Zeit taucht der Begriff »Sexualkundeunterricht« oder »Sexualerziehung« in öffentlichen Diskussionen häufig auf. Nicht immer hat jedoch das Wort denselben Aussagewert. An dieser Stelle sollen keine detaillierten Probleme der Sexualpädagogik aufgezeigt werden, sondern lediglich die Konturen des Begriffs klar nachgezeichnet werden.

Oft wird »Sexualerziehung« gleichgesetzt mit »Aufklärung«. Wie auch in den »Richtlinien für die Sexualerziehung in den Schulen der Freien und Hansestadt Hamburg« nachzulesen ist, liegt zwischen diesen beiden Begriffen ein wesentlicher Unterschied.[1]

Das biologische Wissen um Funktion, Name und Aussehen der Geschlechtsteile ist zweifellos wesentlicher Bestandteil des Sexualkundeunterrichts; es stellt eine Grundlage dar für die gesamte Problematik der Beziehungen zwischen den Geschlechtern. Man sollte aber dieses Sachwissen nicht als bloßes »Werkzeug« bezeichnen, mit dem dann der Schüler die folgenden Problemzusammenhänge bearbeiten könne.[2] Eine inhaltliche und zeitliche Trennung also von »biologischem Faktenwissen« und »psycho-kulturellen Problemen« halten wir für unangebracht. Hieraus entsteht die Isolation »Sexualwissen/Sexualethik«[3], was der Forderung nach lebensnahem Unterricht nicht nachkommt. Die sachliche Information, eingeschränkt »auf die biologischen Phänomene der Sexualität«[4] macht nur einen Teil im Unterricht aus. Sexualerziehung versteht sich als Teil der Gesamterziehung und wäre zu übersetzen mit »Geschlechtererziehung«. Widersprüche bestehen kaum noch bezüglich der grundsätzlichen Bejahung der Sexualität als »Grundlage für ein glückliches und erfülltes Leben«[5]. Das ändert sich aber bereits bei der Konkre-

tisierung dieser »Bejahung«. Wir stimmen hier den Richtlinien zu, wenn sie fordern, die Sexualität »unabhängig von den Zusammenhängen der Fortpflanzung ... als eine der Quellen von Lust und Lebensfreude«[6] zu sehen. (Konkrete Unterrichtsbeispiele im Praktischen Teil, spez. Abschnitte »Masturbation« und »Geschlechtsverkehr«.)
Darüber hinaus müssen im Sexualkundeunterricht psychologische, soziologische und politische Implikationen berücksichtigt werden (z. B. Rollenverhalten, Herrschaftsstrukturen, Abhängigkeitsverhältnisse). In den Richtlinien heißt es weiter: »Der Schritt vom bloß Wissen erwerbenden Schüler zum Partner einer freien Diskussion ist auf diesem Gebiet (der Sexualerziehung, Anm. d. V.) sicherlich groß, aber die nun folgenden Schritte über Verständnis und Urteilsfähigkeit zur Entscheidungsfähigkeit und damit zur bewußten Übernahme von Verantwortung sind im Vergleich dazu noch wesentlich größer.«[7]
Zu *welchen* Entscheidungen soll nun aber der Schüler befähigt werden? Laut Richtlinien soll er die »Notwendigkeit« der sittlichen Entscheidungen einsehen,[8] er soll die »Aufgaben von Mann und Frau« erkennen[9] und sein »Wertempfinden entwikkeln«[10]. Über diese Zielsetzung hinaus — oder sie möglicherweise kritisierend (das läßt sich bei der Unverbindlichkeit der Formulierungen nur schwer feststellen) — sehen wir die dringende Notwendigkeit, im Sexualkundeunterricht Kritikfähigkeit an eben diesen »Werten« und Normen, an Aufgaben- und Rollenverteilung von Mann und Frau zu entwickeln. Kritikfähigkeit heißt weder bedingungslose Zustimmung, noch ebensolche Ablehnung von Wertvorstellungen — so wie es bei der Kritik am Rollenverhalten ja nicht um das Abschaffen von Rollen geht, sondern um deren inhaltliche Überprüfung (vgl. Abschnitt »Rollenanalysen). Hier begründen sich unsere Forderungen an einen emanzipierenden Unterricht. Der Schüler soll erkennen können, wie aufgrund geschlechtlich-biologischer Phänomene ein Rollenschema aufgebaut worden ist, das seine Begründung vielfach nur in der »Tradition« erfährt und in der heutigen Welt einer dringenden Revision bedarf.

Zusammenfassend lassen sich vier wesentliche Aspekte der Sexualerziehung aufzeigen:
- Sachinformation
- Bejahung der Sexualität
- psychologische, soziologische und politische Implikationen
- emanzipatorischer Ansatz

1.1.2. Zur Begründung des Faches Sexualkunde

»Sexualerziehung ist in erster Linie Aufgabe der Eltern.«[11]
»Sexualerziehung in der Schule muß wissenschaftlich fundiert und methodisch durchdacht sein.«[12]
Diese beiden Zitate sollen einen Widerspruch aufzeigen. Geht man von dem Primat einer wissenschaftlich abgesicherten Erziehung aus, so wird man feststellen müssen, daß Eltern diesen Ansprüchen (trotz der Populärwissenschaften) kaum genügen können. Genausogut könnte man fragen: »Warum sollen Eltern ihren Kindern nicht das Lesen und Schreiben beibringen?« Und man müßte antworten: »weil sie damit in vieler Hinsicht überfordert sind«. Im Gegensatz zum »Lesen- und Schreiben-Lernen« wurde der Sexualerziehung zum einen keine wesentliche Bedeutung beigemessen, zum anderen als familiärer Intimbereich aufgefaßt. Die Ausführungen im Praktischen Teil zeigen, daß manche Eltern besonders die Sexualerziehung als Eingriff in ihre Privatsphäre auffassen. Die Schule sollte hier auch keinen »Alleinerziehungsanspruch« stellen, sondern in kooperativer Form mit den Eltern zusammenarbeiten. In diesem Zusammenhang halten wir auch die Formulierung im Godesberger Programm der SPD für überspitzt, wenn es dort heißt, daß die »Erziehungskraft der Familie notfalls zu *ersetzen* ist durch Staat und Gesellschaft«.[13] Denn nach wie vor bleibt das Elternhaus ein wesentlicher Faktor der Sexualerziehung. In der Regel erziehen Eltern aber bewußt oder unbewußt so, wie sie selber erzogen wurden. Diese Sexualerziehung gründet sich häufig auf Repressionen, Schweigen und Verbote. Die traditionellen Rollenmuster werden kritiklos übernommen. Das führt dazu, daß

die enorm schnelle Weiterentwicklung unserer Gesellschaft vor der abgeschirmten »Zelle Familie« haltmacht und der Fortschritt in diesem Lebensbereich ignoriert wird. Um aber allen Schülern möglichst gleiche Voraussetzungen für ein »glückliches und erfülltes Leben« zu geben, muß die Schule ihre Erziehungsfunktion wahrnehmen.
Andere sogenannte »Umwelteinflüsse« prägen und formen ein Kind in oft unterschätzter Weise. Daß dabei der repressive Charakter von Sexualität auch in unserer scheinbar »freizügigen« Öffentlichkeit noch immer vorherrschend ist, beweisen repräsentative Autoren wie Ockel, Ruthe, Barnett und Hunger.[14] Die sexuellen Probleme werden zwar erkannt, doch gilt letzten Endes der Spruch: »Das Berühren der Figüren mit den Pfoten ist verboten.«[15]
Die Fähigkeit, die von Eltern und Umwelt gestellten Normen und Forderungen kritisch zu überprüfen, kann nur aus einem selbstbewußten Verständnis für die eigene Rolle als Geschlechtswesen gewonnen werden. Dies sind kognitive Lernprozesse, für die nur die Schule Zeit, Raum und Lernimpulse in Form von Lehrern und Lernmitteln geben kann.
Schließlich ist noch zu fragen, warum ausgerechnet die Sexualerziehung als wichtiger Teilbereich der Gesamterziehung in der Schule ausgeklammert werden soll. Es wäre begrüßenswert, wenn sich die aktive Teilnahme der Öffentlichkeit an den Problemen der Sexualerziehung auf alle Erziehungsbereiche übertragen ließe.[16]

1.2. Zur Frage der Frauenemanzipation

Ebenso wie der Begriff der »Sexualerziehung« wird auch die »Frauenemanzipation« höchst unterschiedlich interpretiert. (Vgl. A. Kunstmann S. 31/32) Zur Klärung des in dieser Arbeit zugrunde liegenden Begriffs soll an dieser Stelle der historische Ursprung und die aktuelle Situation nur kurz skizziert werden.[17]

Die ersten Ansätze zur Frauenemanzipation entstanden Ende des 18. Jahrhunderts (Olympe de Gouges, Rosa Lacombe, Mary Wolstonecraft). In der zweiten Hälfte des 19. Jahrhunderts wurden in den USA Frauenvereine gegründet, die aus der Bürgerrechtsbewegung hervorgegangen waren und auf den juristischen Grundsätzen der Verfassung aufbauten.
Demgegenüber formierte sich in Europa das ständig anwachsende Heer der Industriearbeiterinnen zu einer Frauenbewegung, deren Forderungen nicht aus rechtsphilosophischen Grundlagen sondern aus der Stellung der Frau im Produktionsprozeß abgeleitet wurden. »Recht auf Arbeit« forderte Louise Otto-Peters, genannt die »Lerche des Völkerfrühlings«.
Aus diesen historisch bedingten Ansätzen leiten sich heute zwei entscheidende Varianten der Frauenemanzipation ab: *die bürgerliche und die proletarische.* Kern des bürgerlichen Emanzipationsgedanken ist es, mit gezielten individuellen Forderungen in die berufliche Intimsphäre der Männer einzudringen, um somit den Frauenstatus innerhalb der bestehenden Gesellschaftsordnung (system-immanent) zu verändern. *Emanzipation ist hier nur die Möglichkeit individuellen Aufstiegs, ist Zutritt zur Elite.*[18] Das bedeutet in den meisten Fällen Kampf gegen den Mann, da es ja gegen seine Interessen geht.
Die *bürgerliche Gegnerschaft* fand ihren Gegensatz in der *proletarischen Genossenschaft* mit dem Mann. Aus proletarischer Sicht ist die Frau nicht in erster Linie ein Geschlechtswesen, sondern ein Mitglied der Gesellschaft, das zur Gruppe der Ausgebeuteten gehört. Danach versteht sich die Frauenemanzipation als Teil des Klassenkampfes (Marx/Engels, Bebel, Clara Zetkin).
Wir sehen die Möglichkeiten einer Weiterentwicklung weder im eindeutig bürgerlichen noch im eindeutig proletarischen Ansatz. Der Kritik am bürgerlichen Emanzipationsgedanken schließen wir uns insofern an, als wir die individuellen und isolierten Befreiungsversuche für wenig sinnvoll und effektiv halten (Beispiel: »Aktion §§ 218« — danach ist es aber schon wieder vorbei mit der Frauenbewegung).
Wir sind nicht für eine Kampfansage gegen den Mann, aber

auch nicht für den Begriff »proletarische Genossenschaft mit dem Mann«, weil wir die vereinfachende Zuordnung der Frau in die Arbeiterklasse für nicht zutreffend halten.[20]

Das bedeutet konkret für den Unterricht: Das Fach Sexualkunde soll und kann niemals nur die Frauenemanzipation zum Ziel haben. Vielmehr beziehen sich die Bestrebungen eines emanzipatorischen Unterrichts gleichermaßen auf Jungen und Mädchen. Denn wie auch im Abschnitt »Emanzipierende Sexualerziehung« dargestellt wird, ist eine Befreiung der Frau ohne eine Emanzipation des Mannes undenkbar! Emanzipieren soll im weitesten Sinne heißen: Herrschaftsmechanismen und Abhängigkeitsverhältnisse — ihre Basis, ihre Ursachen und Wirkungen, ihre Notwendigkeit oder Sinnlosigkeit — erkennen können und sich von Fremdbestimmung befreien.

Wir gehen davon aus, daß eine Emanzipation grundsätzlich partnerschaftlich erfolgen muß.[21] Frauenemanzipation auf der Grundlage der Gegnerschaft (— was bei V. Solanas in der Forderung nach Abschaffung der Männer gipfelt —), lehnen wir ab, weil sie die *Umkehrung von Macht- und Unterdrückungsrollen* zum Ziele hat und damit dasselbe Elend mit anderen Vorzeichen bringt. Emanzipation heißt aber weder *Rollentausch* noch *Rollenaufhebung,* sondern Befreiung aus der Machthierarchie zu einem gleichberechtigten Nebeneinander unter Berücksichtigung biologischer und psychologischer Wesensmerkmale.

Die »sexuelle Befreiung der Frau« beispielsweise meint die gleichberechtigte Einstellung zum Geschlechtsleben — mit Ansprüchen, Forderungen und Wünschen. Sie ist teilweise möglich geworden durch die »technische« Errungenschaft der »Anti-Baby-Pille«. Dies ist aber nur ein Teilaspekt. Wichtig ist eine Erziehung, die durch Aufdeckung von Rollenstrukturen die Frau aus traditionellen, heute nicht mehr adäquaten Abhängigkeiten befreit.

Eine Emanzipation der Frau ohne eine gemeinsame Befreiung aller unterprivilegierten und unterdrückten Schichten ist unmöglich. Die Befreiung der Frau aus ihren sozio-ökonomischen Abhängigkeitsverhältnissen kann aber auch nicht im isolierten Kampf gegen den Mann erfolgen, sondern nur durch solidarisches Handeln auf der Grundlage eines kritischen Bewußtseins. Dies kann u. a. über folgende Lernziele erreicht werden: Der Schüler soll:

— die Fähigkeit erlernen, Autoritätsansprüche kritisch zu hinterfragen
— seine Rolle als Konsument erkennen
— tradiertes Rollenverhalten abbauen können (Spielzeug, Kleidung, Habitus — s. Test, S. 68 ff.)
— den Begriff der Solidarität kennenlernen (Gemeinsames Handeln)
— den gesellschaftlichen Wert von verschiedenen beruflichen Tätigkeiten erfahren[22]
— seine künftige Rolle im Arbeitsprozeß durchschauen können
— Vorurteile entlarven können.

Wenn die Emanzipation der Frau nicht gemeinsam mit dem Mann auf breiter erzieherischer Basis vorangetrieben wird, dann wird eines Tages die »Schärfe der Unterdrückung« durch den Mann das »Maß der Solidarität« bei den Frauen diktieren.[23]

1.3. Emanzipierende Sexualerziehung auf der Grundlage von Rollenanalysen

Die Theorie einer Rollenstruktur, wonach sich der einzelne so verhält, wie es die Gesellschaft von ihm erwartet, ist die fundamentalste Erkenntnis der Verhaltenspsychologie und der Sozialisationsforschung. Bestimmte Verhaltensmuster aufgrund kollektiver Einübung gibt es in allen gesellschaftlichen Bereichen. In diesem Fall ist der geschlechtsspezifische Komplex angesprochen.

Von Kindheit an erzieht man Mädchen anders als Jungen und lehrt sie, männliche und weibliche Rollen anzunehmen. »Analog zu dieser früh festgelegten Rollenverteilung haben wir eine ziemlich genau umrissene Meinung davon, was männliche und weibliche Eigenschaften sind«.[24]

Wie aber kam es zu dieser Rollenverteilung, wo liegen die historischen, sozio-ökonomischen und biologischen Ursachen? Warum und auf welche Art und Weise wird auf die Einhaltung eines starren Rollenschemas geachtet? Um die Beantwortung dieses Fragenkomplexes einigermaßen übersichtlich zu geben, sind die folgenden Abschnitte nach sexualpolitischen Gesichtspunkten geordnet. Die einzelnen Gebiete stehen selbstverständlich in engem Zusammenhang und sind nur formal getrennt — darum sind inhaltliche Überschneidungen möglich (nach: Kate Millet, Sexus und Herrschaft).

1.3.1. Die Ideologie des Patriarchats

Wir leben in einer Gesellschaft der Männer. Die entscheidenden Machtpositionen im Staat (Militär, Technologie, Wissenschaft, Finanz- und Wirtschaftswesen, Polizeigewalt) werden von Männern ausgeübt. Auf allen Gebieten der Gesellschaft genießt der Mann mehr Rechte als die Frau. Wir sprechen darum von einer »vaterrechtlich organisierten Gesellschaft« oder dem »Patriarchat«.
Die Familie dient als Einzelorgan dieser Gesellschaft. Nur ein gut funktionierendes patriarchisches System in der Familie gewährleistet auch eine gesamtgesellschaftliche Machthierarchie. Die Familie handelt als »Exekutivorgan eines patriarchalischen Staates, der seine Bürger durch Familienoberhäupter regiert«.[25] Der Mann ist der Erhalter der Familie, der Haushaltsvorstand, der Steuererklärer, von ihm und erst durch seinen Namen erhalten Mutter und Kind einen gesellschaftlichen Rang.
Über den historischen Ursprung des Patriarchats gibt es nur Hypothesen. Die eine geht davon aus, daß es ursprünglich nur mutterrechtlich organisierte Gesellschaften gegeben hat und erst mit Aufkommen des Privateigentums das Patriarchat entstand. Die andere Hypothese geht von der physischen Überlegenheit des Mannes aus, die natürlich auch heute nicht zu leugnen ist, aber wohl kaum die alleinige Grundlage des Patriarchats bildet. Die Rolle der Frau war bestimmt durch die Tatsache, daß sie die

körperlich Schwächere ist und die Kinder gebären muß. (Der Widerspruch springt ins Auge: gerade bei der für die Menschheit wichtigsten Aufgabe — der Fortpflanzung — übernimmt die Frau die körperlich schwerere Arbeit!) Durch dieses natürliche Abhängigkeitsverhältnis von Mutter und Kind ist die Frau von jeher an die Wohnstatt gebunden. Dadurch übernahm sie zwangsläufig auch den wesentlichsten Teil der Kindererziehung. Das hätte ihr eigentlich eine entscheidende Position sichern müssen — kann sie doch den größten Einfluß auf den Nachwuchs ausüben! Doch der Mann übernahm die »Schutz- und Kontrollfunktion« über die Familie und stattete sich mit sachfremder Autorität aus (Waffengewalt). Diese Funktion wird heute noch weitgehend von dem Vater ausgeübt; denn fast der ganze Tag ist ausgefüllt mit der »Existenzsicherung«, so daß abends nur Zeit bleibt, die Erziehung der Mutter zu kontrollieren. Nicht selten wird der Vater zur »Strafinstanz« degradiert. (»Warte nur, wenn der Papa kommt . . .«) Mit zunehmender Bedeutung des privaten Besitzes stieg auch die Machtposition des Mannes, da er allein diesen Besitz für die Familie erwerben konnte. Diese Grundpositionen — »der Mann sichert die Existenz — die Frau sorgt für Heim und Kinder« — werden erst allmählich aufgeweicht, weil auch die Frau zunehmend die Möglichkeit erhält, materiellen Besitz und damit Macht zu erwerben.
Die patriarchalische Gesellschaft wehrt sich mit allen Mitteln gegen die Machtansprüche der Frau. So wird eine Ideologie aufgestellt, nach der eine zielbewußte Steuerung des Rollenschemas möglich wird.
Wir beziehen uns auf den Ideologiebegriff von W. Hofmann.[26]
Der Erwerb materiellen Besitzes wird der Frau zwar nicht verwehrt, gleichzeitig aber muß sie ihre Rolle als Hausfrau und Mutter weiter ausführen. Diese Doppelbelastung läßt Weiterbildung und politische Aktivität kaum zu.
Die stereotypen Genuskategorien wie »Aggression, Kraft, Intelligenz und Tüchtigkeit« für maskulin, und »Passivität, Unwissenheit und Tugend« für feminin werden strikt eingehalten.

Diese Grundeigenschaften treten in vielen Varianten im beruflichen und privaten Leben auf, wie sich noch zeigen wird. Konsequenterweise gehen alle Emanzipationsbestrebungen erst durch die Zensur der Männer. Längere, bessere Bildung und Ausbildung wäre eine wichtige Voraussetzung. Aber nach wie vor werden die meisten Mädchen nicht zur bildungsbegabten, selbstbewußten Frau erzogen, sondern zur Mutter und Hausfrau. So betrug z. B. der Anteil der Mädchen an der Gesamtstudentenschaft der Universität Hamburg im Sommersemester 71 nur 31%! In den USA dient ein College-Besuch hauptsächlich dazu, sich einen Mann zu angeln, wie von Betty Friedan (»Weiblichkeitswahn«)[27] nachgewiesen wurde.
Es sei an dieser Stelle nochmals betont, daß es weniger an der formal-juristischen Gleichberechtigung mangelt, als vielmehr an tatsächlich praktizierter Gleichstellung. Millet nennt diese Unterdrückung durch das Patriarchat eine »äußerst kluge Art innerer Kolonisation«[28]. Da es sich um eine Ideologie handelt, nicht um einen personifizierten »Gegner«, ist eine Solidarisierung der Frau zur Opposition so schwer. Der Weg in den isolierten Kampf gegen den Mann hat sich als unbrauchbar erwiesen. Diese Art der Emanzipation wirkt zerstörerisch und die meisten Frauen fürchten (mit Recht) die Disharmonie in der Familie. Hier kann nur Erziehung einsetzen — bei Jungen und Mädchen — und ein problemorientiertes Bewußtsein zur Frauenemanzipation wecken!

1.3.2. Die Rolle der Frau in der Bundesrepublik unter sozioökonomischen Gesichtspunkten

Im vorangegangenen Abschnitt wurde festgestellt, daß die Frau zunehmend die Möglichkeit erhält, materiellen Besitz zu erwerben. Der daraus abzuleitende Machtanspruch wird dadurch vereitelt, daß das Rollenschema starr fixiert wird. Wenn im folgenden eine Skizzierung dieses traditionellen Rollenverhaltens erfolgen soll, so ist dabei klar, daß Veränderungsprozesse im Gang sind und zum Teil auch schon verwirklicht wurden. Im

Spiegel der einschlägigen Literatur sind diese Prozesse höchstens als »schleichend« zu bezeichnen. Einen persönlich erforschten Ausschnitt vom aktuellen gesellschaftlichen Verhalten soll der Test vermitteln.

Im traditionellen Rollenbild führt die Frau zwar den Haushalt, aber der Mann ist der *»Haushaltsvorstand«*. Ihm kommt damit jene »Kontrollfunktion« im wirtschaftlichen Bereich zu, die bereits auf dem Gebiet der Kindererziehung genannt worden ist. Noch immer ist die regelmäßige Zuteilung des sogenannten »Wirtschaftsgeldes« üblich. Kann die Frau gut haushalten, so darf sie das überschüssige Wirtschaftsgeld frei verwenden. Es besteht hier ein regelrechtes Arbeitgeber/Arbeitnehmer-Verhältnis. Man könnte auch sagen, daß die »Ehe ein Konsortium darstellt, das weibliche, häusliche und sexuelle Dienste gegen finanzielle Unterstützung eintauscht«.[29] Die »Kündigungsrechte« in diesem »Dienstleistungsbetrieb« sind adäquat gegliedert: »Einem Mann wird die Scheidung gewährt, wenn seine Frau in ihren häuslichen Diensten oder beim Zusammenwirken versagt, sie wird ihm nicht gewährt, wenn sie ihn finanziell nicht unterstützen kann. Einer Frau wird die Scheidung gewährt, wenn ihr Mann sie nicht ernähren kann, nicht aber, wenn er bei der Hausarbeit oder beim Zusammenwirken versagt«.[30]

Aggressionen, die aus der bedrückenden Einseitigkeit und der Abhängigkeit vom »Geldgeber« entstehen könnten (ähnlich wie sie beim Mann im Berufsleben auftreten können) werden gewissermaßen sublimiert, indem die Frau im häuslichen Bereich scheinbar uneingeschränkt herrschen kann. Ihr ist ja von Kindheit an suggeriert worden, hier läge ihre Lebensaufgabe, das wäre ihr »Leistungsfeld«. Ganze Industriezweige leben davon, die Hausfrau zu immer neuen Leistungen anzuspornen. Neue Maschinen und neue Waren versprechen eine noch bessere Pflichterfüllung. (Beispiel: das »reine« Gewissen bei Verwendung eines Waschmittels.) Technische Errungenschaften eröffnen nicht etwa neue Möglichkeiten der Freizeitgestaltung oder Weiterbildung, sondern werden nach einer gewissen Zeit integriert in den Katalog der Mindestanforderungen, so daß dann Zeit für neu-propagierte Arbeiten im Haushalt entsteht. Es ist darum nicht verwunderlich, daß in dem Land, in dem Geschirrspüler, Waschmaschinen, Bügelautomaten und vollautomatische Kochtöpfe längst in jeden Mittelstandshaushalt gehören, ein wahrhaftiger »Weiblichkeitswahn« ausgebrochen ist, wie er von Betty Friedan[31] eindrucksvoll geschildert worden ist. Was geschieht nun, wenn die pflichtbewußte Hausfrau z. B. der Forderung nach einer Waschmaschine (um *öfter* zu waschen, damit die Wäsche *schneller* abnutzt und *mehr* gekauft werden muß!) nicht nachkommen kann? Hier stößt man auf den Rollenpart der Frau im *Berufsleben.*

Es ist nicht selten, daß Frauen nur arbeiten, um einen gewissen Lebensstandard zu erreichen, oder sogar nur, um dieses oder jenes von der Gesellschaft geforderte Statussymbol zu erhalten. Hier wird die Forderung nach fachübergreifendem, projektorientiertem Unterricht deutlich: Erziehung zu kritischem Konsumverhalten. Die Sichtbarmachung von »Werbemanipulationen« z. B. kann nicht in einem einzigen Fach verwirklicht werden.

(Vorschlag: Projekt »Supermarkt« — Aufbau der Waren, Plakate, Werbesprache, Atmosphäre etc.)

A. Kunstmann schreibt: »Und auch die Frage des Eigentums stellt sich bei ihnen (Anm.: den Proletarierinnen) nicht — das, was (meist gemeinsam) verdient wird, ermöglicht allenfalls ein einigermaßen gutes Auskommen . . .«[32] Dabei wird auf die Fragwürdigkeit des Begriffs »gutes Auskommen« oder »Existenzminimum« nicht näher eingegangen. Die Frage, was zum heutigen Leben unbedingt in jeden Haushalt gehört, soll auch hier nicht weiter erörtert werden. Geht man aber davon aus, daß das Netto-Durchschnittseinkommen eines Arbeiters bei DM 800,— liegt,[33] so erscheint wenigstens eine Teilzeitbeschäftigung der Frau unumgänglich. Daraus ergibt sich, daß die Aufnahme der Frau in die Arbeitswelt des Mannes weniger einen emanzipatorischen Akt darstellt, als vielmehr den lebensnotwendigen Interessen der Familien einerseits, und den Profitinteressen der Unternehmungen andererseits entspricht. Denn noch immer stellen die Frauen das billigste Arbeitsreservoir dar, das man in Kriegszeiten und in Zeiten wirtschaftlicher Expansion benutzen kann, im Frieden und während der Rezession ebenso beliebig wieder abbauen kann.[34]

Wenn Louise Otto-Peters im Jahre 1865 ein »Recht auf Arbeit« gefordert hat,[35] so muß festgestellt werden, daß dieses Recht bis heute nicht verwirklicht worden ist. In Zeiten von Hochkonjunktur zeigt sich dieses Problem lediglich verdeckt. Ein Beispiel aus der Zeit nach dem 2. Weltkrieg kann dies verdeutlichen: Je näher das Ende des Krieges rückte, desto mehr machte sich eine Arbeitslosigkeit bemerkbar, die zu Demobilmachungsverhandlungen zwischen Arbeitern und Unternehmern führte. Man einigte sich darauf, daß die Kriegsteilnehmer unbedingten Anspruch auf einen Arbeitsplatz hätten und daß Entlassungen in folgender Reihenfolge vorgenommen werden müßten:

1) Frauen, deren Männer Arbeit hatten
2) alleinstehende Mädchen und Frauen
3) Mädchen und Frauen, die nur 1 — 2 Personen zu versorgen hatten
4) alle übrigen Mädchen und Frauen.[36]

Erst in jüngster Zeit ist durch Verabschiedung von »Mutterschaftsschutzgesetzen« sichergestellt worden, daß berufstätige Frauen wegen Schwangerschaft wenigstens offiziell nicht gekündigt werden können.

Die industrielle Revolution brachte den Frauen zwar erste wirtschaftliche Selbständigkeit — sie müssen Kleidung und Nahrung nicht mehr selber produzieren — doch wurden sie von Anfang an so in den Produktionsprozeß eingegliedert, daß sie als lohndrückender Faktor in Konkurrenz mit dem Mann standen. Heute liegt der Durchschnittslohn eines Arbeiters bei DM 7,—, der einer Arbeiterin bei DM 4,85.[37] Noch immer bekommen Frauen weniger Geld als Männer für die gleiche Arbeit. Dabei ist es geradezu eine »Gnade«, daß Hausfrauen und Mütter sich »nebenbei ein paar Mark« verdienen dürfen, denn ihre Haupttätigkeit ist und bleibt ja das Haus und die Kinder.

Bedenkt man, daß die Diskriminierung in Bezug auf Anstellung, Mutterschaft, Lohn und gesellschaftlichen Wert der Arbeit immer noch groß ist, so wird die Frau dafür, daß sie die schwerste Aufgabe bei der Fortpflanzung übernehmen muß, *vierfach* bestraft:

1) Stehen bei einer Anstellung alternativ ein lediger Mann und eine ledige Frau zur Wahl, so wird man sich grundsätzlich für den Mann entscheiden, weil *der* bei späterer Heirat den »Beruf« nicht wechseln wird.

2) Trotz Mutterschaftsschutzgesetz gibt es immer noch die Möglichkeit, unter fadenscheinigen Begründungen der schwangeren Frau zu kündigen.

3) Da jede Frau eine potentielle »Urlaubsanwärterin« für mehrere Wochen ist — so argumentiert der (meist männliche) Arbeitgeber — muß der Lohn von vornherein niedriger als beim Mann sein.

4) Da schon das kleine Mädchen auf ihre Hauptrolle als Mutter und Hausfrau vorbereitet wird, ist eine Weiterbildung im allgemeinen und eine Berufsausbildung im speziellen bei der Frau a priori zum kurzen Intermezzo abgestempelt, denn sie wird ja über kurz oder lang in den Schoß der Familie zurückkehren.

So lassen sich auch die Berufswünsche der Mädchen leicht steuern:

Kriterium Nr. 1: kurze Ausbildungszeit

Kriterium Nr. 2: »typisch weibliche« Tätigkeit.

Zum ersten Kriterium ist anzumerken, daß z. B. extra für Mädchen die zweijährige Kurzausbildung zur Verkäuferin geschaffen worden ist — die kaufmännische Ausbildung für den Mann dauert drei Jahre. Zum zweiten wird noch zu untersuchen sein, was »typisch weiblich« überhaupt bedeutet und wie es zu solchen Begriffen gekommen ist. Hierunter fallen alle Berufe, die persönliche Hingabe und Aufopferung verlangen, Berufe, die die »natürlichen« Aufgaben der Frau in irgendeiner Weise tangieren (soziale und pädagogische Berufe, sogenannte Feinarbeit, musische Berufe usw.). Dabei fällt es überhaupt nicht schwer, die wahnsinnig anstrengenden Akkordarbeiten am Fließband mit einzuordnen. Die monotonen Arbeiten bei höchster Konzentration mit all ihren physischen und psychischen Folgen sind dann eben »typische Frauenarbeiten«, weil sie der ideologisch gesicherten Frauenrolle entsprechen (passiv, willfährig) oder weil sie einfach angebliches Fingerspitzengefühl erfordern. Dabei liegt der wahre Grund darin, daß Frauen aufgrund ihrer Erziehung zur Anpassungsfähigkeit und Anspruchslosigkeit billige und gute Arbeitskräfte darstellen.

Wichtigstes Glied in dieser Kette der Abhängigkeiten ist und bleibt aber die Ideologie des Patriarchats und damit das unbedingte Einhalten des Rollenschemas. Eine Änderung kann nur durch solidarisches Handeln über ein reflektiertes Bewußtsein erreicht werden. Bewußtseins- und Wissensbildung kann nur auf der Schule stattfinden. Konsequenterweise wird dieser Bildungsprozeß der Frau soweit wie möglich eingeschränkt. Denn, »wenn Wissen Macht ist, dann ist Macht auch Wissen, und ein wesentlicher Faktor für die untergeordnete Stellung der Frau ist die Unwissenheit, die ihr vom Patriarchat ziemlich systematisch auferlegt wird«.[38] Das beweisen nicht nur die Zahlen der Studentinnen (vgl. S. 14), sondern auch ein Test, der im Rahmen einer Fernsehsendung durchgeführt worden ist.[39] Danach wissen die wenigsten Mädchen um ihre beruflichen Chancen, sie lernen veraltete Berufe, sie sind schlechter informiert über ihre gesetzlichen Möglichkeiten der Fortbildung, des Beschwerderechts, des Betriebsrats und der Ausbildungskritik. Daß dies nicht so sein muß, beweist ein Beispiel aus der DDR über den prozentualen Anteil der Frauen an Arzt- und Juristenberufen:

	Ärzte	Juristen
BRD	5,5%	5%
DDR	30 %	36%[40]

Bei uns herrscht noch weitverbreitet die Devise: wozu soll ein Mädchen studieren — bekommt sie doch einen Mann, der sie ernährt. Eine sinnvolle Erziehung, die vor allem den Mädchen ihre Möglichkeiten und Rechte im Berufsleben und Wege der Neustrukturierung des Familienlebens aufzeigt, ist im Rahmen

eines Unterrichtsfaches speziell in den Abgangsklassen der Volksschule enorm wichtig.
Wenn wir zu Beginn dieses Kapitels von einer Skizzierung des Rollenschemas gesprochen haben, so ist damit weder eine grundlegende Gesellschaftsstruktur-Analyse und Kritik gemeint, noch eine globale Anleitung zu Veränderungen der sozioökonomischen Grundverhältnisse. Es sollte herausgestellt werden, daß eine isolierte Frauenbefreiung, ohne Mitarbeit der Männer, sinnlos ist, weil sie die Basis des gemeinschaftlichen Zusammenlebens außer Acht läßt.

1.3.3. Die Rolle der Frau unter biologischen und psychologischen Gesichtspunkten

Die meisten der als »typisch« bezeichneten Verhaltensweisen bei Mann und Frau werden als »natürlich« und damit schicksalhaft und unabänderlich bezeichnet. Männliche und weibliche Eigenschaften werden irgendwie von Geschlechtsmerkmalen oder vom Geschlechtsakt abgeleitet. Man muß hier differenzieren zwischen den biogenitalen und den psychosexuellen Unterschieden.
Nach Stoller[41] wird unterschieden zwischen »Genus« und »Geschlecht«. Das Wort Geschlecht ist biologischer Natur, es legt fest, ob jemand männlichen oder weiblichen Geschlechts ist; dem Wort »sexual« kommt damit anatomische und physiologische Bedeutung zu. »Dabei bleiben jedoch große Verhaltensgebiete des Fühlens, Denkens und der Phantasie außer acht, die alle mit dem Geschlecht in Zusammenhang stehen und noch keine vornehmlich biologische Bedeutung haben.«[42] Für diese psychologischen Phänomene wird der Ausdruck »Genus« gebraucht. Analog dazu gelten für Geschlecht die Begriffe »männlich« und »weiblich« und für Genus die Begriffe »maskulin« und »feminin«. Anhand von Versuchen mit zwischengeschlechtlichen Patienten haben die Forscher Money und Hampson[43] nachzuweisen versucht, daß die Genusrolle nach der Geburt festgelegt wird und mit der Anatomie und Physiologie der äu-

ßerlichen Genitalien nichts zu tun hat. Wieweit menschliche Verhaltensweisen im einzelnen durch die Geschlechtszugehörigkeit determiniert sind, ist noch nicht eindeutig festgelegt. Gesichert ist nach den umfangreichen Arbeiten zur Verhaltens- und Sozialisationsforschung die Erkenntnis, daß die Entwicklung der Genusidentität, also das Annehmen der von der Gesellschaft diktierten adäquaten Genusrolle, bereits in früher Kindheit stattfindet. (Millet spricht hierbei von 18 Monaten.) Jeder Augenblick im Leben eines Kindes ist ein Hinweis darauf, wie es sich benehmen muß. »Noch bevor das Kind sprechen kann, wird seine sexuelle Identität durch die Art, in der es behandelt, berührt, gekitzelt und angesprochen wird ... geprägt.«[44]

Kann das Kind erst einmal sprechen, beginnen die zahlreichen verbalen Interaktionen. Jetzt wird der Junge auf seine aggressive Mannes-Rolle vorbereitet — Jungen dürfen sich raufen, dürfen schon einmal unordentlich, frech, wild, unpünktlich sein — und das Mädchen auf die entsprechend untergeordnete, passive Frauen-Rolle — ein Mädchen darf schwach sein und weinen, schreit nicht, ist anständig und tugendhaft, adrett gekleidet usw. Dies dokumentiert sich in den Aufgaben, die in der Familie delegiert werden: hilft die Tochter der Mutter bei der Hausarbeit, so hilft der Sohn beim Wagenwaschen, der Gartenarbeit oder allenfalls beim Abwaschen. Ein weiteres, nicht zu unterschätzendes Mittel zur Einübung in Rollenfunktionen ist das Spielzeug der Kinder. Technisches Spielzeug ist Privileg des Jungen, durch Puppen, Kinderwagen und Kochstuben wird das Mädchen schon rechtzeitig auf seine Hausfrauen- und Mutterrolle dressiert. Die Identifikation des Mädchens mit den von der Gesellschaft diktierten Eigenschaften und Verhaltensweisen ist die sicherste Stabilisierung der patriarchalischen Machtverhältnisse. Die Loslösung von vorgeschriebenem Rollenverhalten muß gegen den nicht zu unterschätzenden psychologischen Druck der Umwelt geschehen. Ein Mädchen, das sich wie ein Junge verhalten will, muß sich nicht nur gegen die Eltern, son-

dern mitunter auch gegen Nachbarn, Spielkameraden und Lehrer durchsetzen.
Inwieweit besonders Mädchen heute noch dem psychischen Druck des femininen »So-sein-müssens« ausgesetzt sind oder sich schon befreien konnten von eingeprägten Rollenmustern, sollen die Fragen zu den »typischen« Eigenschaften von Mann und Frau, zu Spielzeugarten und zur Arbeitseinteilung im Testbogen zeigen.
Geschickt wird darauf hingewiesen, daß physische Überlegenheit nicht die alleinige Rechtfertigung für die Vorherrschaft des Mannes ist (denn dann würde der männliche Machtanspruch leicht zu Fall zu bringen sein!). So fallen z. B. Äußerungen wie »man schlägt doch ein Mädchen nicht« — gemeint etwa im Sinne eines Gnadenakts oder einer scheinheiligen Rücksichtnahme (anstatt zu sagen, »der Stärkere hat nicht grundsätzlich recht«). Wie sich die Kinder zum Problem der Gewalt äußern — soll im Testbogen durch die Fragen: »Darf ein Junge — Mädchen, ein Mädchen — einen Jungen schlagen?« untersucht werden. Diese Beispiele sollen zunächst genügen, denn weitere konkrete Rollenanalysen finden sich im Praktischen Teil (siehe Abschnitt »Psychologische und soziologische Aspekte«, »so ist ein Junge — so ist ein Mädchen«) vgl. S. 49 ff.).
Mit Beginn der Pubertät erfolgt dann die Einübung in die Rollen der geschlechtlichen Beziehungen. Im tradierten Rollenbild läßt sich dieser psycho-sexuelle Aspekt folgendermaßen charakterisieren: Die von S. Freud analysierte permanente sexuelle Spannung zwischen den Geschlechtern wird im menschlichen Alltag verleugnet. Die vorherrschende Meinung über die Beziehung untereinander orientiert sich weniger am erotischen Wechselspiel als am einseitig fixierten Bild des »Gebens und Nehmens«. Danach ist der Mann stets der Gebende; von seiner Entscheidung hängt es ab, ob es zu einer Kommunikation kommt oder nicht. Die Frau sendet Reizimpulse aus, die als »stimulus« fungieren sollen, den Mann seine Rolle als Initiator wahrnehmen zu lassen. Dadurch wird die Frau mehr zu einem »Ding« versachlicht, das es zu nehmen und zu besitzen gilt. Sie

wird in unserer Gesellschaft einseitig als »Lustobjekt« des Mannes deklassiert (vgl. Unterrichtsbeispiel »Frauen auf Magazinen und Zeitschriften« S. 44 u. Unterrichts-Einheit 7).
Daß auch der Mann geschlechtliche Reizimpulse sendet und Lustobjekt der Frau ist, wird nicht gesehen oder geleugnet. Ein Mädchen, das einem Jungen hinterher pfeift, oder eine Frau, die einen Mann auf der Straße anspricht, muß mit moralischen Sanktionen rechnen. Eine Frau hat zu warten, bis der Mann sie begutachtet, angesprochen und beglückt hat, um sie dann als seinen Besitz in das »heimische Nest« zu führen.
Diese Besitztumsideologie, nach der die Frau ein auszuhandelndes Kaufobjekt darstellt, wird gerade in der spätkapitalistischen Gesellschaft in schöner Tradition aufrechterhalten. Selbst wenn man den Begriff der »Mitgift« für überholt hält, bleibt der moralische Besitzanspruch der Männer fest in ihrem Bewußtsein verankert. Diese Rollenfixierung des »Gebenden und Nehmenden« findet ihren Ursprung sicherlich im Geschlechtsakt selber: der Mann nimmt sie zur Frau und gibt ihr seinen Samen. Was die Frau dabei gibt, ist sicherlich mehr als nur ein »Zur Verfügung-stellen der Vagina«, wie Esther Vilar polemisiert.[45] Erst in den letzten Jahren sind auf breiter Basis durch »Volksaufklärer« (Kinsey, Masters, Kolle, Giese) eingleisige Verhaltensweisen aufgedeckt worden. Bis dahin war es weitgehend unbekannt, daß auch die Frau ein »Recht auf Orgasmus« hat[46] und von der Norm abweichende Geschlechtspraktiken (etwa die Umkehrung von oben und unten) wurden als Pornographie verteufelt.
An dieser Stelle möchten wir wiederholt auf den Unterschied zwischen »Sexualaufklärung« und »Sexualerziehung« hinweisen. Zur Aufklärung gehört das Wissen um den »technischen Ablauf«, zur Erziehung aber die Bedeutung des wechselseitigen Liebeswerbens, der gegenseitigen Rücksichtnahme und des partnerschaftlichen Glücks.
Zusammenfassend kann man sagen, daß das Patriarchat auf die Psychologie der Geschlechter eine enorme Wirkung ausübt. Es leitet seine Machtansprüche von biologischen Tatbeständen ab

und legt die Psyche der Geschlechter damit fest. *Begriffe wie »Hilflosigkeit« und »Schutzbedürftigkeit«, die während der Schwangerschaft und der Stillperiode sicherlich eine gewisse Berechtigung erfahren, werden der Frau als Grundeigenschaften für ihr ganzes Leben diktiert.* Neuzeitliche Verhütungsmethoden nehmen der Frau zwar die Verantwortung für die Folgen eines Coitus ab, doch das statement der »Schuldigen« hält sich krampfhaft. Das dokumentiert sich nach außen hin durch die Begriffe »Unschuld«, »Jungfrau«, »Jungfernhäutchen«.

Zusammengenommen mit wirtschaftlicher, politischer Abhängigkeit und Hilflosigkeit rundet sich das Bild vom »unterprivilegierten Geschlecht« ab. Das schlägt zurück auf das Selbstbewußtsein der Frauen, indem sie sich selbst als eine Minorität, als untergeordnete Kleingruppe begreifen. Ihr minderwertiges Dasein erscheint ihnen als unumstößlich, beruht es doch auf scheinbar »natürlichen« Gesetzmäßigkeiten. So ist es auch nicht verwunderlich, daß in einer Umfrage eine Reihe von Frauen lieber als Männer geboren wären.[47]

Kate Millet behauptet sogar, daß eine große Anzahl kleiner Mädchen es vorzögen, »in der Elitegruppe geboren zu sein, während die Knaben überwiegend die Zumutung, Mädchen zu sein, zurückweisen«.

Eine emanzipierende Erziehung muß darauf hinwirken, das Gefühl eines diskriminierenden, minderwertigen Rollenparts abzubauen. Wieweit das bis jetzt gelungen ist, soll empirisch untersucht werden durch die Fragen im Testbogen B. »Möchtest Du lieber ein Junge/Mädchen sein?« und »Was ist mehr wert im Leben — Vatersein, Muttersein oder ist das egal?« Eine Reihe von Fragen aus den Bereichen »Beruf« (z. B. »Sollte ein Mädchen studieren?«), »Freizeit« (z. B. »Darf ein Mädchen Fußball spielen?«) oder »Familie« (z. B. »Wer sollte zu Hause bestimmen?), sollen ebenfalls zeigen, wieweit das Empfinden von Gleichwertigkeit internalisiert worden ist. Hierbei sind die Ergebnisse von Jungen und Mädchen gleichermaßen wichtig (vgl. Tabelle II, S. 85).

Es sollte durch die Theorie herausgestellt werden, daß eine

emanzipierende Sexualerziehung auf der Annahme einer Rollenstruktur basiert. Eine Analyse von geschlechtsspezifischen Verhaltensformen im gesamtgesellschaftlichen Rahmen ist die fundamentale Voraussetzung für eine kritische Didaktik der Sexualerziehung. Wir bemühen uns, das literarische umfangreiche Stoffangebot nach den Kriterien praktischer Verwertbarkeit zu bearbeiten.
In welcher Weise die Theorie ihre Umsetzung in die Praxis erfuhr, welche methodischen Schritte begangen wurden und die Unterrichtsergebnisse sollen nun im folgenden Praktischen Teil geschildert werden.

2. DIE PRAXIS

2.1. Allgemeines

Der Unterricht wurde in einer Hamburger Grundschule von Elke im 1. — 4. Schuljahr durchgeführt (Primarstufe). Die Klasse bestand aus 17 Jungen und 14 Mädchen. Eine schichtenspezifische Analyse wäre sicher interessant, würde der Arbeit jedoch eine ganz andere Dimension geben. Zur Information soll nur gesagt werden, daß die Kinder weder aus reinen Arbeitervierteln, noch aus sogenanntem Oberschichtmilieu kamen — also eher der Mittelschicht zuzuordnen sind.
Wie schon erwähnt, muß die Sexualkunde in den Gesamtunterricht integriert sein. Dies kann z. B. im Deutschunterricht durch Lesestücke erreicht werden, aus denen die Begriffe »Rollenverhalten«, »Schamgefühl« und »Natürlichkeit« herausgearbeitet werden können; im Sachkundeunterricht durch sozialkritische Themen (z. B. Projekt »Supermarkt«, »Ladendiebstahl«, »Gastarbeiter«); im musischen Bereich durch bildnerisches Denken.
Grob gesehen war der Sexualkundeunterricht in zwei Phasen einzuteilen:

a) vom 1. Schuljahr bis Mitte der 2. Klasse
— Behandlung spontaner Fragen aus dem Unterrichtsgeschehen heraus (Vorbereitungsphase)

b) vom Ende der 2. Klasse bis zum Beginn der 4. Klasse
— systematisch aufbauender Unterricht.

Im 1. Schuljahr und Anfang der 2. Klasse könnte man von einem »Spontanunterricht« sprechen, d. h. Kinderfragen wurden aus dem Unterrichtsgeschehen heraus beantwortet. Dabei sind durchaus die wichtigsten Gebiete gestreift worden und gewisses Bildmaterial stand auch schon zur Verfügung. Der Unterricht fand aber nicht aufbauend und systematisch statt, sondern er war mehr ein Herantasten an die Thematik durch den Lehrer. Durch die Reaktionen der Schüler und durch Einzelgespräche mit den Eltern wurden viele Probleme konkretisiert. Das äußerte sich z. B. durch die Fragen: »Wie verhalte ich mich als nackter Mensch fremden Kindern gegenüber, besonders dem anderen Geschlecht? Wie verhalte ich mich den nackten Eltern gegenüber?« Weiterhin sind zu nennen der z. T. stark ausgeprägte Penisneid (S. Freud) des Mädchens und die damit verbundene Angst vor dem Jungen, das Problem des Schuldgefühls bei der Masturbation und des Ekels vor dem Geschlechtsverkehr Erwachsener. Daß das Verhältnis der Kinder zur Sexualität teilweise gestört war, zeigte die verschämte Haltung beim gemeinsamen Umkleiden vor dem Turnen oder die Ausrufe von »Igitt« und »Pfui« beim erstmaligen Betrachten nackter Körper auf Bildtafeln.

Ein wichtiges Lernziel war nun die Kinder zu einer selbstbewußten und befreiten Einstellung zur Sexualität und damit zur Rolle als Geschlechtswesen zu führen. Darum wurde gegen Ende des 2. Schuljahres bis zu Beginn der 4. Klasse der systematische Unterricht praktiziert. Es muß sogleich hinzugefügt werden, daß dieser Unterricht erste Ansätze bietet und weitere Einheiten in der Beobachtungsstufe (5/6) und in den Oberklassen folgen müssen. Trotz der Systematik muß die Spontaneität immer wieder in allen Fächern durchlässig sein, um somit die Sexualität nicht als etwas besonderes, sondern als wichtigen und natürlichen Bestandteil menschlichen Lebens erkennen zu lassen.

Durch das offene Gespräch und naturgetreue Darstellungsweisen wird das Schamgefühl des Kindes nicht verletzt. Das bewiesen die späteren, sehr interessierten, freien Diskussionen, die in der Klasse über die Geschlechtsorgane und deren Funktionen geführt wurden. Daß Kinder kein Interesse an diesem Stoffgebiet haben sollen, ist barer Unsinn. Der Grund für anfängliches Schweigen ist meist eine negative Einstellung oder die Angst davor, diese Themen zu berühren. Häufig ging ein Gespräch über zwei Stunden lang zu einem speziellen Thema (z. B. Geschlechtsorgane des Mannes).

Vorwiegend stießen die Kinder auf positive Reaktionen bei den Erwachsenen. Es kam aber auch vor, daß sie empört mitteilten:

»Meine Oma, Tante etc. hat gesagt, das ginge doch zu weit und über so etwas spräche man nicht.« Die Kinder wurden hier mit der Realität konfrontiert und lernten verschiedene Standpunkte kennen, weshalb sie den eigenen überprüfen mußten. Die Entscheidung hierbei ist für das Kind nicht einfach, je nachdem wie stark der Einfluß der betreffenden Person ist. Es besteht überhaupt kein Zweifel, daß ein Kind von den Eltern und den Erziehern manipuliert wird. Dies muß man sich als Lehrer bewußt machen und versuchen, sich soweit wie möglich zurückzuhalten. Außerdem müssen die Kinder ständig zur Kritik aufgefordert werden. Es galt, die Schüler nicht einseitig zu beeinflussen, sondern ihnen anhand von Beispielen die Konsequenzen eingleisigen Denkens klarzumachen.

In den Einzelgesprächen mit den Eltern konnte die Entwicklung des Kindes auch außerhalb der Schule verfolgt werden. Manchmal standen die freien Äußerungen der Kinder im Gegensatz zu ihrem Verhalten in der Familie. Daran waren die Eltern maßgeblich beteiligt, wie diese selbst bestätigten. Um den Eltern die Möglichkeit der Mitarbeit zu geben sowie zur Festigung des Stoffes, fertigte jeder Schüler zum Thema »Sexualerziehung« ein Heft an. Der Titel lautete: »Vom Menschen«, ein Hinweis darauf, daß die Sexualität untrennbar vom Individuum ist. Sämtliche Informationen und Fragen wurden in der Mappe aufgeführt. Die Eltern zeigten große Anteilnahme, indem sie mit den Kindern gemeinsam Bildmaterial sammelten. Somit war das Gespräch auch zwischen Schule und Elternhaus eröffnet.

Die Erörterung mit den Eltern und Kindern über »diese Dinge« konnte Hemmungsbarrieren aufheben und erst jetzt begann die eigentliche Aufgabe, nämlich die Verwirklichung des emanzipatorischen Ansatzes. *Voraussetzung für ein Bewußtmachen des Rollenverhaltens war zunächst Enttabuierung und Bereitwilligkeit zum freien Gespräch.* Außerdem galt es, die Schüler vom Ekelgefühl vor den Geschlechts- und Ausscheidungsorganen zu befreien. Vielfach bedeutete ihnen nämlich After und Geschlechtsteil dasselbe Organ, Ausscheidungen erschien vielen als unästhetischer Vorgang. Es war entscheidend, den Kindern bewußt zu machen, wie lebenswichtig die Vorgänge der Verdauung für den Menschen sind und darum eine völlig natürliche Einrichtung. Außerdem mußten sie erfahren, daß Blasenöffnung und Scheidenschlauch getrennt sind und daß das Baby niemals mit dem Urin in Berührung kommen konnte. Ähnliches erkannten sie beim männlichen Glied, daß nämlich die Samenharnröhre durch die Absonderung der Cowperschen Drüse gereinigt wird und somit der Samen frei von Harnresten ist. (All dies waren schwerwiegende Probleme, denen die Kinder in ihren Fragen Nachdruck gaben.)

Ein weiteres wichtiges Thema war: »Masturbation«. Die offenen Äußerungen der Kinder zeigten, daß mindestens 75% von ihnen Masturbationserfahrungen gemacht hatten. Es kristallisierte sich ebenfalls heraus, daß sie fast alle unter Schuldgefühlen litten. Die häufigsten Gründe waren: Direkte Verbote, keine Möglichkeit der Aussprache und unsicheres Verhalten von Vater und Mutter. Es ist nur natürlich, daß ein Kind in der Vorpubertät und Pubertät an seinen Geschlechtsteilen spielt und dabei Lustgefühle empfindet. Eltern sollten diesen Trieb nicht unterdrücken, sondern vielmehr ihr Kind beobachten. Die normale Selbstreizung ist nicht schädlich; befriedigt sich ein Kind jedoch mehrmals täglich, beim Spiel oder in der Schule, so liegen meistens seelische Störungen zugrunde (Konflikte zu Hause, in der Schule, vermeintlicher Liebesentzug der Eltern).

Diese sind aber nur durch liebevolles Eingehen auf das Kind und nicht durch Verbote zu lösen, (siehe dazu: »Das Geschlechtsleben in unserer Zeit 1«, von Dr. Dr. H. Giese, S. 240—249). Bei mehreren Diskussionen war die Erleichterung darüber zu spüren, doch nichts Unanständiges zu tun. (vgl. S. 40)

Eine weitere Schwierigkeit ergab sich aus dem Vorurteil eines Ekel- und Angstgefühls, das viele Kinder vom Geschlechtsakt hatten. Sie sahen in ihm häufig etwas Brutales und es wurde die Frage geäußert: »Muß das der Frau nicht sehr weh tun?« Im Zusammenhang erwähnten sie Vergewaltigungen, von denen sie gehört oder gelesen hatten. Daß zwischen Mann und Frau ein zärtliches Liebesverhältnis besteht, war nur sehr wenigen Kindern zugänglich. Ebenfalls begriff zunächst niemand, daß Eltern auch aus einem Triebgefühl heraus sexuell verkehren. Den alleinigen Grund sahen sie in dem Wunsch, ein Kind zu bekommen. Die Häufigkeit ehelichen Verkehrs errechneten sie daher an der Kinderzahl.

Damit die Kinder annähernd eine Vorstellung von dem Gefühl erhalten, das Liebende bei ihrem Zusammensein empfinden, sollte es von der Selbstreizung her begreiflich gemacht werden. Es wurde gesagt, daß die Empfindung noch sehr viel stärker und schöner sei, begründet durch das Vertrauens- und Liebesverhältnis der Partner. Es war schwierig ihnen zu erklären, daß der technische Ablauf allein dieses Glücksempfinden nicht ermöglicht, sondern die seelische Gemeinschaft Voraussetzung für dieses Erlebnis ist. Es hat sehr lange gedauert, bis die Kinder diesen komplizierten Sachverhalt begriffen hatten. Schließlich mündete es in dem Ausdruck eines Schülers: »Dann ist es ja doch nichts Schlimmes.« Die Lösung dieser Probleme bildete dann die Basis für die primäre Aufgabe der Sexualerziehung.

In dem folgenden Unterrichtsmodell sind alle Aspekte der Sexualerziehung enthalten.

Am Beispiel »Masturbation« wird ein Stundenbild genau erörtert.

2.2. Unterrichtsmodell

Unterrichtseinheiten	Stundenziele	Methodische Mittel
1. *Die Familie*	Aufgaben und Funktionen der einzelnen Familienmitglieder im herkömmlichen Sinne Hinweis auf Klein- und Großfamilie Dieses Thema zog sich sporadisch (auch als Wiederholung) durch sämtliche Unterrichtseinheiten	Wie stellst Du Dir eine richtige Familie vor? Bilder aus verschiedenen Familien (Fotos/Zeitungen) Bilder, die die Hausfrau in ihren verschiedenen Tätigkeiten zeigt Bilder, die die Frau und den Mann im Beruf zeigen Bilder, die Kinder bei ihren Aufgaben zeigen (Schule, Hausarbeit usw.) Zeitungsausschnitte zum Thema: Berufliche Stellung der Frau Werbeplakate
2. *Unterschiede der Geschlechter Junge/Mädchen*	a) Äußere Unterschiede Glied, Eichel, Vorhaut, Hodensack, Hoden Scheide, Scheidenschlauch	Eigene Formulierung der Kinder: »So ist ein Mann. So ist eine Frau. So ist ein Mädchen. So ist ein Junge.« (48 ff.)

Unterrichtseinheiten	Stundenziele	Methodische Mittel
	Klitoris, Scheidenlippen b) Innere Unterschiede Uterus, Eierstöcke, Samenleiter, Samenharnröhre c) Problem Nacktheit — Scham d) Rollenverhalten von Junge und Mädchen Abbau der Befangenheit, einheitliche Benennung, Bewußtmachen und Abbau der Subsprachen *Gleichwertigkeit der Geschlechter durch homologe Geschlechtsbetrachtung*	
3. *Verdauungs- und Ausscheidungsorgane*	a) Benennung: Harnblase, Harnröhre, After, Stuhlgang, Urin b) Klärung der Funktionen: Wasserlassen, Stuhlgang haben Abbau von Ekelgefühlen, Hinweis	Bildmaterial von Klaus Verch in: »Sexualerziehung in der Familie.«

	auf die Notwendigkeit der Hygiene, Absetzen der Geschlechts- und Ausscheidungsfunktionen voneinander Mädchen: Scheidenöffnung und Blasenöffnung getrennt Junge: Reinigung der Samenharnröhre von Urinresten durch die Cowper'schen Drüsen Klärung durch Diskussion	Fotomaterial
4. *Masturbation*	Betrachten der Erektion Abbau von Schuldgefühlen: das Berühren der Geschlechtsorgane ist nicht unanständig, sondern normal. *Gleichwertigkeit für Jungen und Mädchen, psychisch und physisch*	Bildkarten, Matrizen, Stempel zur Sexualerziehung, Fotos nackter Kinder, Modebilder von Kindern, Kleidung von Junge und Mädchen, Spielzeug, Aufgaben von Junge u. Mädchen, Verhalten von Junge u. Mädchen
5. *Unterschied Mädchen — Frau*	Sexualbehaarung, Wachsen der Geschlechtsorgane, breiteres Becken Erkennen der Funktion der Geschlechtsorgane	Lebenserwartung von Junge und Mädchen — anhand von schriftlichen Darstellungen der Kinder und anschließende Diskussionen

Unterrichtseinheiten	Stundenziele	Methodische Mittel
	Funktion der Brust: a) physisch b) psychisch Funktion des breiteren Beckens	
6. *Unterschied Junge — Mann*	Sexualbehaarung/Bart, Wachsen der Geschlechtsorgane, Stimmbruch, breitere Schultern, Muskelbildung Funktion der Geschlechtsorgane Stimmbruch: a) physisch b) psychisch	Bildmaterial/Filmmaterial Bildkarten von Klaus Verch
7. *Vergleich Mann — Frau*	a) Homologe Betrachtung der Geschlechtsorgane b) Mann *und* Frau sind Sexualobjekte c) beide üben einen erotischen Reiz auf das andere Geschlecht aus; Verdeutlichen, daß in unserer Gesell-	Bildkarte Nr. 3 in: »Sexualerziehung in der Familie« Geschlechtsorgane des Mannes Fotomaterial/Bildmaterial (Klaus Verch)

	schaft die Frau häufiger als Sexualobjekt angesehen als der Mann Attribute von: Mann: Klugheit — Erfolg Frau: Schönheit — Kleidung	
8. *Pollution — Menstruation* *Gleichwertiger Vorgang der Geschlechtsreife*	Erkennen von gleichwertigen Vorgängen bei Junge und Mädchen Pollution: als Folge von Träumen Menstruation: Klärung des Vorgangs Eireifung, bei Nichtbefruchtung Abstoßen des Eies Alter: Junge 12 — 14 Jahre Mädchen 10 — 12 Jahre	Fotomaterial/Bildmaterial (Klaus Verch) Film: »Die Menstruation«, Dias, Bildmaterial Tampon, Monatsbinde
9. *Die Liebe — die Ehe* *Warum heiratet man?* *Warum heiraten manche Leute nicht?*	Die Aufgaben in der Ehe Die Verantwortung im partnerschaftlichen Verhältnis Vorgang der Zeugung	Verschiedenes Fotomaterial

Unterrichtseinheiten	Stundenziele	Methodische Mittel
10. *Der Geschlechtsakt*	Geschlechtliches Beisammensein aus Lust und Freude	Bildmaterial Klaus Verch Schematische Zeichnung des Geschlechtsaktes
11. *Die Entwicklung vom Ei bis zur Geburt*	Gleichwertigkeit der Partner: a) für beide ist die geschlechtliche Vereinigung etwas Schönes b) bei der Zeugung gibt der Mann den Samen, die Frau das reife Ei und den behüteten Ort in ihrem Leib c) Verantwortlichkeit ihres Körpers Betrachtung von Ei und Samen, Verschmelzung von Ei und Samen, Einnisten in die Gebärmutter, Plazentabildung, Fruchtblasenbildung Entwicklung des Embryo, Ernährung des Embryo Vorgang der Geburt: Platzen der Fruchtblase, Wehen,	Film: »Die Geburt« Dias, Bildkarten Film: »Klein Wölfchen« (Säuglingspflege) Film: »Wir bekommen ein Kind«

	Heraustreten des Kindes Verhalten der Mutter während der Schwangerschaft Verhalten des Vaters während der Schwangerschaft	
12. *Verhütungsmittel Pille, Kondom*	Gemeinsame Aufgaben a) Funktion der Verhütungsmittel b) Verhütungsmittel benutzt man, um keine Kinder zu bekommen c) Verhütungsmittel als Schutz für die Frau. Sie kann über ihren Körper so verfügen, wie sie es für verantwortlich hält	Packung Antibabypillen, Kondom
13. *Eine neue Familie ist entstanden*	Aufgaben in der Familie, neuerliche Überlegungen, Überprüfung nach soziologischen und psychologischen Gesichtspunkten	Zeichnerische und schriftliche Darstellungen der Kinder

2.3. Durchführung einer Unterrichtseinheit am Beispiel »Masturbation«

Zeit: Eine Doppelstunde oder zwei Einzelstunden
Lehrziele:
1. Sachkenntnis — Schwellkörper füllen sich bei Reizung mit Blut und bewirken so das Anschwellen der Geschlechtsorgane.
1a. Dieser Vorgang ist bei beiden Geschlechtern gleich (physiologisch)
2. Mädchen *und* Jungen haben *gleichermaßen* den Wunsch, zu masturbieren (an ihren Geschlechtsorganen zu spielen!).
3. Abbau traditioneller Moralvorstellungen: es ist nicht »Unanständiges«, »Böses« oder »Sündiges«, an seinen Geschlechtsorganen zu spielen.
3a. Abbau von bestehenden Schuldgefühlen
Lehrmittel:
1. Fotografien von Naturvölkern in ländlicher und städtischer Umgebung.
2. Zwei Rolltafeln mit Schnittdarstellung des männlichen Gliedes und der Scheide im normalen und im gereizten Zustand.
Stundenprotokoll
(Anmerkung: das Unterrichtsgespräch ist nicht nach einem Tonband aufgeschrieben, sondern die Fragen und Antworten sind *sinngemäß* wiedergegeben.)
An der Tafel sind zwei Thesen angeschrieben:
a) man darf an seinen Geschlechtsorganen spielen
b) man darf nicht an seinen Geschlechtsorganen spielen.
S = Schüler
L = Lehrer
S: Man darf nicht an seinen Geschlechtsorganen spielen. Meine Mutter hat das gesagt!
S: Das ist unanständig!
S: Wenn man es nicht so doll macht, ist es nicht so schlimm.
S: Es ist doch schlimm, weil man dreckige Hände hat und dann kommen Bazillen dran.
S: Man kann es ja so machen, daß es niemand sieht.

L: Hier möchte ich einmal unterbrechen. Warum soll es niemand sehen?
S: Weil es verboten ist.
S: Da muß man sich schämen.
L: Das verstehe ich nicht, du betastest doch auch deine Arme, Beine usw.
(Kichern)
S: Das ist auch etwas anderes. Die darf man ja auch zeigen, die Scheide und das Glied zeigt man doch nicht.
L: Es gibt aber Länder auf der Erde, dort laufen die Menschen fast immer nackt herum und zeigen also auch ihre Geschlechtsorgane.
S: Ja, bei den Indianern und so — da ist es ja auch warm.
S: Und wir können das nicht, weil es bei uns nur im Sommer warm ist.
L: Ihr habt also einen ganz anderen Grund herausgefunden, warum man seine Geschlechtsorgane nicht zeigt. Nicht weil es unanständig ist, sondern weil das Klima uns dazu zwingt, etwas anzuziehen. Schaut euch einmal diese Fotografien an. Diese Bilder wurden in den gleichen Ländern gemacht — einmal auf dem Land und einmal in der Stadt.
S: Also stimmt das doch nicht mit dem Klima, denn die Leute in der Stadt tragen ja auch Hosen und Hemden.
S: Die können ja auch nicht nackt ins Büro gehen.
(Gelächter. Weitere Beiträge dieser Art.)
L: Was könnt ihr noch aus den Fotos schließen?
S: In der Stadt zieht man sich besser an.
S: Besser nicht gerade — denn wenn man im Wald ist, zieht man ja auch nicht soviel an wie in der Stadt. Mein Vater hat dann auch nur 'ne Badehose an.
S: Es gibt auch Strände, da kann man nackt herumlaufen.
S: Man paßt sich eben an. In der Natur zieht man sowenig wie möglich an, in der Stadt läuft man bedeckter herum.
L: Warum tut man das?
S: Man wird so erzogen.
L: Die Indianer in ihren Dörfern werden auch erzogen!

S: Die leben eben immer im Dschungel, da braucht man keine Kleider.
L: Das hast du schon richtig durchdacht, dich nur noch nicht deutlich ausgedrückt. Findet ihr noch eine bessere Erklärung?
(Es folgen verschiedene Antworten, die den Kern der Sache aber nicht genau treffen.)
L: Es geht hier einfach darum, daß die Naturvölker — so werden die Eingeborenen genannt — noch sehr stark mit der Natur verbunden sind. Selbstbewußt betrachten sie ihren Körper als einen wichtigen Teil der Natur. Jedes Körperteil ist gleichwertig und man schämt sich darum nicht, alles zu zeigen. In der Stadt, in Technik aus Stein und Stahl verliert der Mensch immer mehr die Beziehung zur Natur und damit auch die natürliche Haltung zu seinem Körper. (Man nennt das Entfremdung.) Wir verstekken dann sogar bei größter Hitze am Strand unsere Geschlechtsorgane unter einer Badehose oder einem Badeanzug. Wir tun das also nicht, weil es sinnvoll und notwendig ist, sondern weil es angeblich schon immer gemacht wurde und die »anderen« es ja auch tun. Wir passen uns also ohne Überlegung an. Ich meine, es ist ganz bestimmt nicht unanständig, sich nackt zu zeigen.
S: Eigentlich weiß ja auch jeder, wie Männer und Frauen aussehen.
S: Jeder weiß das auch nicht.
L: Wenn es nun nicht unanständig ist, sich nackt zu zeigen, warum soll es dann unanständig sein, an seinen Geschlechtsorganen zu spielen?
S: Ich hab das mal beim Waschen gemerkt. Da ist mein Glied ganz steif geworden und es hat so schön gekitzelt.
S: Ich spiele auch manchmal an meiner Scheide, abends im Bett.
S: Da fühl ich mich geborgen.
S: Das ist schön.
usw.
S: Ich möchte das ja auch mal tun, aber meine Mutter sagt, das soll man nicht.
L: Gibt es noch andere Gründe, warum ihr an euren Geschlechtsorganen spielt?

S: Wenn es langweilig ist.

S: Wenn ich ganz alleine bin und Angst habe — dann vergeß ich das.

S: Wenn meine Mutter sehr mit mir geschimpft hat.

L: Viele tun es also, wenn sie Sorgen haben oder traurig sind. Ich glaube aber, wenn man Sorgen hat, dann sollte man mit seinen Freunden oder Eltern darüber sprechen. Denn davon, daß man sich ein schönes Gefühl bereitet, werden die Probleme auch nicht gelöst. Selbstverständlich — wenn man seine Geschlechtsteile berührt um Spaß und Freude zu haben, dann ist dabei bestimmt nichts Böses und man darf es ruhig tun.

(Hier folgten Bemerkungen wie: »wirklich? Das muß ich gleich meinen Eltern sagen!« »Vielleicht ist es ja doch nicht so schlimm!«)

Rolltafeln

L: Wir wollen jetzt einmal sehen, was mit unseren Geschlechtsorganen geschieht, wenn wir sie reizen.

S: Ich weiß das — dann wird mein Glied steif!

L: Ja, das kannst du hier auf dem Bild sehen.

S: Rechts und links von der Samenröhre sind kleine Behälter, die sind beim steifen Glied dick.

S: Da geht das Blut rein, hat mein Vater mir erzählt.

L: Stimmt genau! Diese »Behälter« nennt man Schwellkörper. Wenn man an dem Glied reibt, dann strömt mehr Blut in die Schwellkörper, sie schwellen also an und das Glied wird steif.

S: Das ist beim Mädchen aber nicht so. Der Scheidenschlauch wird nicht steif.

L: Das ist richtig, aber im Hautgewebe der Scheide sind auch Schwellkörper und die Scheide wird auch dicker, nur merkt man es nicht sogleich wie beim Jungen. (Tafel!)

S: Die Scheidenlippen sind auch dicker!

S: Und die Klitoris.

S: Beim Jungen kann es auch zu einem Samenerguß kommen.

S: Aber erst wenn er 14 ist und die Samen reif sind.

L: Da hast du recht. In der sogenannten Pubertät, zwischen dem 12. und 14. Lebensjahr wird ein Junge geschlechtsreif, seine Sa-

men werden befruchtungsfähig. Wenn er dann an seinem Geschlechtsteil spielt, kann es zum Samenerguß kommen. Wenn ihr euch nochmal genau die Zeichnungen anseht, was ist dann bei beiden Geschlechtern gleich?
S: Beide haben Schwellkörper und die werden dick.
S: Nur beim Jungen sieht man es deutlich, beim Mädchen fühlt man es mehr.
L: Wichtig ist noch, daß beide — Jungen *und* Mädchen — es schön finden, an ihren Geschlechtsorganen zu spielen. Denkt nur daran, wenn ihr »Doktor« und ähnliches spielt, daß ihr keine Gegenstände in die Scheide steckt oder das Glied einklemmt — das kann gefährlich werden und ihr könnt krank werden.
Zum Schluß wurde gemeinsam ein Text formuliert, der die Unterrichtsergebnisse zusammenfaßte und von den Kindern in ihre Mappe geschrieben wurde.

2.4. Die Unterrichtsdurchführung

2.4.1. Die gleichwertige Betrachtung der Geschlechtsorgane

Wie wichtig es war, die Betrachtung der Geschlechtsorgane nicht nur unter dem Aspekt sachlicher Information vorzunehmen, sondern vielmehr daran die Gleichwertigkeit der Geschlechter zu erkennen, das bewiesen die Beiträge der Schüler. Ein Zusammenhang beider Geschlechtsorgane wurde zunächst überhaupt nicht gesehen und ein großer Teil sprach sogar davon, *daß den Mädchen »etwas fehle«*.
Wir betrachten jedes Teil der Geschlechtsorgane anhand von Dias und Bildkarten — später auch Filmen — und versuchten, »das entsprechende Gegenstück« zu finden. Erst nach der Erklärung, daß es sich bei der »sogenannten« Scheide nicht nur um eine Öffnung, sondern auch um einen Schlauch, der ins Innere führt, handelt, wurde die Parallele Glied — äußerer Schlauch, Scheide — innerer Schlauch gefunden und den Kindern somit klar, daß die weiblichen Geschlechtsorgane vollstän-

dig sind. Später in Unterrichtseinheit 10 (Geschlechtsakt) wurde die Gleichwertigkeit durch die Funktion noch einmal bestätigt: Glied = gebender Teil, Scheide = aufnehmender, lebenssichernder Teil. Entsprechend zum Hoden fanden die Kinder bei der Frau den Eierstock. Der eine bewahrt Samen, der andere Eier. *Gleichwertigkeit wieder insofern, als daß nicht in erster Linie dem Mann die Entstehung neuen Lebens zu verdanken ist, sondern beide, schon durch die Anlage, gleichermaßen dazu beitragen.*

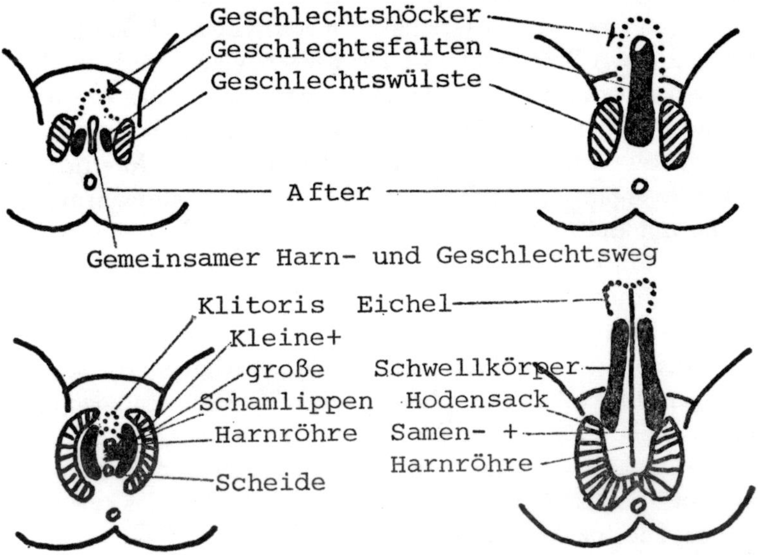

(nach Klaus Verch)

Eichel und Klitoris werden als wesengleich erkannt, als besonders empfindliche Stellen der Geschlechtsorgane, ebenso Hodensack und Scheidenlippen als Schutzfunktionen, weiterhin Eileiter als Transportweg des Eies, Samenleiter als Transportweg des Samens. Bei dem Thema Masturbation wird erkannt, daß bei beiden Geschlechtern eine Erektion stattfindet, die sich beim Jungen sichtbar zeigt, beim Mädchen als Vergrößerung der Klitoris und Scheidenlippen fühlbar ist. Der Junge genießt also

keine besonderen Vor- und Nachteile (je nach Auslegung) sexueller Lustgefühle.
Bei dieser Geschlechtsbetrachtung liegt die *homologe Entwicklung der Geschlechtsorgane* zugrunde.
Aus den Geschlechtshöckern haben sich Klitoris und Eichel, aus den Geschlechtsfalten die inneren Scheidenlippen und die Schwellkörper des Gliedes, aus den Geschlechtswülsten die äußeren Scheidenlippen und der Hodensack entwickelt.
Bei Mann und Frau ist die Sexualbehaarung gleich, ebenso das Wachsen der Geschlechtsorgane. Während der Mann als weiteres sekundäres äußeres Geschlechtsmerkmal eine tiefere Stimme und einen Bart erhält, ist bei der Frau das Wachsen der Brüste zu beobachten. Die Funktion der Brust sollte von den Kindern nicht nur als Nahrungsquelle für ein Baby gesehen, sondern als *Sexualreiz* erkannt werden. In einem Unterrichtsgespräch ergab sich auch die Frage, warum Mädchenhemden häufig mit Spitze besetzt seien. Die Essenz vieler Antworten lautete: »Damit der Busen noch schöner ist«. Durch mitgebrachte Zeitungsausschnitte von fast unbekleideten Frauen, entspann sich eine weitere Diskussion, in der die Kinder darauf stießen, daß meistens Frauen ihren nackten Körper zeigten, sehr selten oder gar nicht Männer zu sehen waren. »Die Männer finden das schön. Mein Vater findet den Busen von meiner Mutter auch schön. Frauen mögen sich gern ausziehen. Frauen mögen keine nackten Männer. Männer zeigen sich nicht nackt, das tun nur Frauen. Die auf der Reeperbahn auch.«
An diesem Punkte der Betrachtung nackter Körper wurde die Minderwertigkeit der Frau, nämlich einseitiges Sexualobjekt des Mannes zu sein, extrem deutlich. Gerade an jenen Magazinen, die spärlich bekleidete Frauen als »Blickfang« bieten, wird deutlich, daß dem Mann die Rolle des »Aktiven«, »Kaufenden« und »Herrschenden« einsuggeriert wird. Hier galt es herauszuarbeiten, daß nicht nur weiblicher Reiz hier und männliche Reaktion dort vorherrschend sind, sondern daß von beiden Geschlechtern erotische Reizimpulse gesendet und empfangen werden in einem gegenseitigen Wechselspiel.

Auf den historischen Ursprung dieser noch bestehenden Frauenrolle konnte natürlich im Rahmen eines solchen Unterrichtsgespräches nicht eingegangen werden, das hätte den Rahmen der Lernmöglichkeiten überschritten.
Es war zunächst wichtig aufzuzeigen, daß auch der Mann Sexualobjekt der Frau ist.
Als Impuls dazu die Frage: »Stellt euch vor, ein kaum bekleideter Mann sollte auf der ersten Seite abgebildet werden — wie müßte er aussehen?« Hierzu wurden die bekannt »männlichen« Attribute wie: groß, stark, muskulös, behaart usw. genannt. Sowohl Mädchen als auch Jungen äußerten sich dahingehend, daß so ein Mann »toll« sei, allerdings unter verschiedenen Vorzeichen. Die Jungen meinten: »Solch ein Mann ist ein Held«; die Mädchen: »Der Mann sieht gut aus«. Gezielte Fragen führten uns dahin, warum ein Mann ein Held sein und gut aussehen möchte. Die Kinder konnten ihre Auffassungen zunächst nicht konkretisieren. Sie verharrten in der Meinung: »Dann hat er mehr Chancen. Er hat mehr Freunde. Er ist beliebt.« Die kritische Betrachtung von Werbung für sogenannte »Männerartikel« (Rasierwasser etc.) im Rahmen eines parallellaufenden Sachkundethemas, brachte die Kinder darauf, daß auch der Mann daran interessiert ist, der Frau zu gefallen.
Es wurde das immer wiederkehrende Männlichkeits-Klischee bewußt. Äußerungen wie: »Ich finde es auch wichtig, daß er nett und klug ist,« lieferten erste Ansätze zu einer Überprüfung der vorurteilshaften Sexualattribute von Mann und Frau. Die anfängliche Meinung, daß eine Frau zuallererst hübsch sein muß, wurde bezweifelt. Die Kinder nannten Beispiele, wo »ein nettes Wesen« und »ein kluges Handeln« wichtiger waren als »das gute Aussehen«. Ohne die Ästhetik eines schönen Körpers zu leugnen, wurde festgestellt, daß *beide* auf den anderen erotische Reize ausüben, was sich z. T. schon bei Zehnjährigen bemerkbar macht.
Am Ende dieser eingehenden Betrachtung und Diskussion äußerten die Kinder *spontan den Wunsch*, eine *nackte Frau und einen nackten Mann zu zeichnen*. Es fiel auf, daß sie sich beson-

ders bemühten, die speziellen Merkmale der Geschlechter herauszuarbeiten und sich nicht scheuten, auch die Geschlechtsorgane (primäre und sekundäre) deutlich wiederzugeben. Als einmal fremde Kinder negative Bemerkungen über die im Klassenraum ausgestellten Nacktbilder machten (z. B. »So'was dürft Ihr malen?«), da nahmen die Schüler sehr offen Stellung. »Wieso, so sehen Mann und Frau aus«, und gaben weitere detaillierte Erklärungen. Beim Duschen nach dem Turnen wurden die Körper gegenseitig betrachtet und natürlich und frei kommentiert: »Bei B. fängt der Busen schon etwas an!«
Die anfängliche Befangenheit war also durch das genaue Wissen und Einschätzen des anderen Geschlechts abgebaut worden.

2.4.2. *Die psychologischen und soziologischen Aspekte des Unterrichts*

2.4.2.1. Eigenschaften von Mann und Frau
Eigenschaften von Junge und Mädchen
Ein Vergleich

Ausgehend von der Betrachtung nackter Körper fanden die Kinder Attribute, die sich von der körperlichen Beschaffenheit auf bestimmte Genussymbole übertrugen. In der Aufgabe: »So ist ein Mann! So ist eine Frau!« sollten die Kinder zeichnerisch und schriftlich zu diesem Thema Stellung nehmen. Es ergab sich schon rein äußerlich ein Klischee: Eine kleine Frau, ein großer Mann, behaart mit Muskeln.
Wir möchten hier einmal die Eigenschaften aufführen, die fast alle Kinder nannten:

Frau	Mann
zärtliche Figur	stark, groß
sehr schwach	nett
sehr schön	streng
nett	*ist wichtig*
schlecht	klug, mutig
ist nicht so viel wert wie der Mann	*ist im Beruf*
	hat ein Auto

hält das Haus in Ordnung
muß auf die Kinder aufpassen
muß die Kinder erziehen
kann keine Häuser bauen
geht arbeiten, weil die Familie Geld braucht
liebt die Liebe
hat viel Schmuck
hat Mode gern
heiratet
hat für den Mann zu sorgen

hilft manchmal seiner Frau im Haushalt
schenkt seiner Frau am Sonntag Blumen
trinkt manchmal viel Bier, wenn er von der Arbeit kommt

In der nachfolgenden Auswertung des von den Kindern erstellten Bild- und Werbematerials (Fotos mit Männern und Frauen verschiedener Statur) entwickelte sich eine lebhafte Diskussion. Die Schüler mußten erkennen, daß das rein äußerliche Bild einer schönen, schwachen Frau und eines großen, starken Mannes nur selten zutreffend ist. Kräftige Sportlerinnen (z. B. Liesel Westermann) bewiesen in Extremen das Gegenteil, ebenso wie Charlie Chaplin oder andere »zartere Männer«. Auch die Analyse des eigenen Elternpaares machte den Kindern plötzlich klar, daß die Mutter dem Vater körperlich durchaus gleichgestellt, wenn nicht sogar überlegen sein kann. Trotz dieser Erkenntnis verblieben zahlreiche Kinder bei der Meinung, daß der Mann grundsätzlich stärker sein muß. »Er hat ja auch immer das meiste zu sagen.«
Als nächstes wurden die genannten Charaktereigenschaften untersucht. Da die Fähigkeit »mutig zu sein« den weiblichen Wesen weitgehend abgesprochen wurde, sollte dies der 1. Punkt der Diskussion werden. »Männer verteidigen sich. Sie haben keine Angst. Sie kämpfen. Sie gehen auch in den Krieg.« Es fiel auf, daß die Kinder ihr Meinungsbild hauptsächlich aus Filmen und Fernsehserien ableiteten, worin ja tatsächlich meistens der Mann die Rolle des Helden verkörpert. Sie stellten kaum eine Beziehung zu ihren Vätern oder zu anderen ihnen bekannten, männlichen Wesen auf. Die Behauptung des Lehrers, daß auch

Männer Angst haben können, erschien ihnen zunächst völlig unglaubwürdig. Der Aufforderung, diese kühne Behauptung doch einmal zu Hause zu prüfen, kamen fast alle Kinder nach und sie berichteten darüber in der Schule. Für viele war es sicherlich eine bittere, aber notwendige Erfahrung, daß auch der Vater ein Mensch ist und seine Schwächen hat. Das Bild des »Heldenmannes« war auf diese Weise erschüttert worden, wobei ausdrücklich darauf hingewiesen wurde, daß es sehr wohl »außergewöhnlich mutige« Männer, aber auch »Feiglinge« gäbe. Auf den Begriff der Zivilcourage ist in diesem Fall noch nicht eingegangen worden um sich auf den Lebensbereich der Kinder zu beschränken (Rettung aus dem brennenden Haus, aus dem Fluß, Verteidigung gegen Einbrecher etc.; Feuerwehr, Seenotrettungsdienst und andere Beispiele).
Dagegen werden Zeitungsartikel gezeigt, die von ausgesprochen mutigen Frauen berichteten, aber auch solche Beispiele, die gegenteiliges Verhalten zeigten. Die Eigenschaft »mutig« wurde zum Schluß weitgehend von allen Schülern auf beide Geschlechter bezogen.
Die nächste wichtige Gegenüberstellung lautete: »Die Frau ist nicht so viel wert wie der Mann«. Wie sich bald herauskristallisierte lag dieses Werturteil in der Tätigkeit der Geschlechter begründet. Zusammenfassend läßt es sich folgendermaßen formulieren: »Die Frau macht *nur* den Haushalt. Der Mann muß arbeiten.« Die Diskriminierung der Hausfrauentätigkeit äußerte sich in Bemerkungen wie: »Sie sonnt sich. Sie kann mittags schlafen. Sie braucht nicht soviel zu denken.« Ein Teil der Kinder leugnete zwar nicht, daß die Mutter sehr viel zu tun habe, daß die Arbeit auch gemacht werden müsse, setzte die Hausarbeit aber wertmäßig nicht gleich mit dem Beruf des Vaters und folgerte daraus, daß die meisten Frauen auch nicht mehr könnten als den Haushalt zu führen.
Analog zu den theoretischen Erwägungen auf Seite 19 ff galt es, an dieser Stelle einerseits den Hausfrauenberuf aus seiner diskriminierenden Stellung herauszuheben, andererseits die einseitige Festlegung der Frau auf die Hausfrauen- und Mutter-

rolle zu begründen und in Frage zu stellen. Hierzu erarbeitete die Klasse die Aufgaben einer Hausfrau und stellte fest, daß doch sehr hohe Anforderungen an sie gestellt werden.

1. Die richtige Aufteilung der verschiedenen Arbeiten erfordert Organisationstalent — ist also mit Denken verbunden.
2. Für die Verwaltung des Geldes sind rechnerische Fähigkeiten nötig.
3. Viele Tätigkeiten machen Geschicklichkeit und Konzentrationsfähigkeit erforderlich.
4. Die Hilfe bei den Schulaufgaben ist nur möglich durch die Beschäftigung mit dem Stoff — also geistige Fähigkeiten sind vonnöten.
5. Dasselbe trifft für die gesamte Kindererziehung zu.
6. Die Gestaltung eines gemütlichen Heims ist für das Wohlbefinden und die Geborgenheit der Familie wichtig.

Den anschließenden Diskussionspunkt bildete die Überlegung, warum gerade die Frau an den Haushalt gebunden ist. Die Kinder brachten zunächst die Argumente, daß eine Frau besser kochen, backen usw. könnte. Beispiele von im Haushalt aktiven Vätern und von Chefköchen erschütterten aber diese Meinung. Schließlich erkannten die meisten, daß die Frau durch das Tragen und Gebären des Kindes an das Haus gebunden ist, nicht aber dadurch, daß sie weniger intelligent ist.

Durch die Bildtafel »Frauen im Beruf« konnten die Kinder feststellen, daß Frauen sehr wohl in hochgeistigen Positionen stehen können und daß das Vorurteil »Frauen seien dümmer als Männer« nicht zutrifft. Daran schloß sich konsequenterweise die Frage, warum bei gleichen geistigen Fähigkeiten dennoch relativ mehr Männer höhere Stellungen besetzen. Diese Problematik sollte aber im Komplex »Beruf — Erziehung« näher erläutert werden.

An die nun folgende Untersuchung von Eigenschaften bei Jungen und Mädchen gingen die Kinder schon überlegter heran. Sie wurden aufgefordert Vorurteile zu überdenken. Das Ergebnis fiel dann auch differenzierter aus, als der Vergleich Mann — Frau. Emanzipatorische Ansätze waren zu erkennen, wenn auch

noch eine Reihe von Meinungen im tradierten Verhalten stekken blieben.
Hier die Ergebnisse:

Mädchen	Junge
Ein Mädchen darf sich nicht schmutzig machen	Ein Junge darf sich schmutzig machen
Darf auch faul sein	Darf eher frech, faul sein
Muß sauber angezogen sein	Muß nicht sauber angezogen sein
Hübsch gekleidet	Normal gekleidet
Kleine, dünne Muskeln	Große, dicke Muskeln
Leicht	Stark, kräftig
Nicht toben	Wild
Hält die Zimmer sauber	Toben und hauen sich oft
Stopfen, kochen	Hilft dem Vater
Nicht gerade schlau	

Sehr viele Kinder stellten aber die Eigenschaften von Jungen und Mädchen als gleichgewichtig hin. Als ungefähre Zusammenfassung (ca. 60%) kann die Aussage eines Mädchens angesehen werden. »Eigentlich gibt es gar keinen Unterschied zwischen Jungen und Mädchen.« (Dieses Zitat bezieht sich natürlich auf den Habitus, nicht auf die Physis). Das recht gute Ergebnis im Vergleich zum ersten Teil läßt wohl darauf schließen, daß die Kinder ihre eigene, kindgemäße Rolle besser reflektieren können. Natürlich mag auch die eingehende, vorherige Diskussion ihren Nutzen getragen haben. Auf die oben angegebenen Eigenschaften reagierten die Kinder dann von sich aus mit größter Vehemenz. Trotzdem ließen spätere Gespräche zu diesem Thema erkennen, daß durchaus noch einige der festen Meinung waren, Jungen seien nicht nur stärker, sondern auch meistens schlauer.

Wir müssen immer wieder betonen, daß sich der erkenntnisgeleitete Lernprozeß bestimmter Rollenstrukturen erst im Laufe der Zeit vollziehen und durchaus nicht das Ergebnis einer Unterrichtsstunde sein kann.

Der nächste Schritt sollte sein, Eigenschaften von Mädchen und

Junge und die von Mann und Frau zu vergleichen, Eigenschaften, die man den Geschlechtern zuschreibt, obwohl, wie wir feststellten, sie durchaus nicht zuzutreffen brauchen. Die Kinder erkannten sehr bald die Parallelen.

Mädchen/Frau	Junge/Mann
schwach	stark
hübsch gekleidet	normal gekleidet
nicht so wild	wild

usw.

Mit der Erklärung, daß die parallelen Eigenschaften von Mädchen/Frau und Junge/Mann nicht zufällig seien, sondern jedes Geschlecht eine bestimmte Rolle zu spielen habe, war das Kernthema eröffnet. Zu diesem Rollenspiel gehöre eben, daß der Mann stark, eine Frau lieb, ein Junge kräftig, ein Mädchen zart sein müsse. Die Eigenschaften von Junge und Mann, von Mädchen und Frau ähneln sich daher stark, weil das Kind auf seine spätere Funktion als Mann oder Frau vorbereitet werden soll. Die Aussprüche: »Aber das stimmt ja gar nicht immer«, deuteten an, daß ein kritisches Denken initiiert war.

Vom Lehrer wurde hier ein Selbstbeobachtungsprozeß in Gang gesetzt, in dem die Kinder die positiven Eigenschaften ihrer Mitschüler beachteten und herausstellten.

2.4.2.2. Spielzeug von Mädchen und Junge Aufgaben von Mann und Frau *Ein Vergleich*

Die nächste Untersuchung in unserer Rollenanalyse sollte die vergleichende Betrachtung von Spielzeug und von den Aufgaben der Frau und des Mannes sein. In den folgenden Tagen trugen die Kinder jedes greifbare Spielzeug zur Schule und ordneten es unter dem Aspekt »Jungen- und Mädchenspielzeug«. Es erfolgte eine klare Trennung, obwohl auch Stimmen laut wurden, daß es auch Spielzeug »für beide« gäbe. Sehr deutlich waren die Kategorien technisch-rationales Spielzeug für den Jungen — emotional-irrationales Spielzeug für Mädchen (Puppen, Kochutensilien usw.) zu erkennen. Auf die Frage: »Muß

man Spielzeug so genau trennen?«, erteilten die Kinder sehr unterschiedliche Antworten. Von den Jungen war des öfteren zu hören: »Ich spiel doch nicht mit Mädchen-Spielzeug.« Die Schülerinnen meinten: »Die lachen mich ja aus, wenn ich mit Autos spiele«. Größtenteils waren die Mädchen eher bereit, das Spielzeug für beide Geschlechter gelten zu lassen und es fielen Bemerkungen wie: »Der Mann hat ja später auch Kinder, dann kann ein Junge ruhig mit Puppen spielen.«
Durch den Denkanstoß: »Betrachtet einmal das Spielzeug von Jungen und Mädchen und denkt an die Aufgaben von Mann und Frau, so wie sie heute erfüllt werden«, wurde der Bezug erkannt und Aufgaben- und Spielzeugverteilung in Zusammenmenhang gebracht. Es kam vor allen Dingen darauf an, wiederum *die Gleichwertigkeit* zu betonen. Mädchen spielen darum seltener mit technischem Spielzeug, weil sie von den Erwachsenen keines bekommen, um somit auf die Frauenrolle vorbereitet zu werden. Der Grund ist nicht, daß sie von Natur aus kein Interesse oder sogar keine Begabung dafür zeigen. Das anschließende freie Spielen in der Klasse und die sich daraus ergebende, gemischte Gruppenbildung der Kinder zeigte in der Praxis die gleich Artikulation von Interessen. Jungen und Mädchen beschäftigten sich mit Legosteinen, spielten Quartett, begeisterten sich an der Carrera-Bahn, gleichzeitig fand aber auch der Kochtopf und das Anziehen von Puppen gemeinsames Interesse.
Diese Praxisbezogenheit sollte den Kindern beweisen, daß Interessen gleichermaßen vorhanden sein können, daß die Erziehung zu bestimmten Verhaltensmustern die Wahl des Spielzeugs bedingt und daß kein Spielzeug und damit keine Arbeit Diskriminierung verdient, sondern völlig gleichberechtigt ist.

2.4.2.3. Beruf von Mann und Frau
Erziehung von Junge und Mädchen
Ein Vergleich

Der nun folgende Aspekt behandelt das Thema Beruf von Männern und Frauen bezüglich der Erziehung von Mädchen und Jungen. Zunächst erstellten die Mädchen eine Tabelle, auf der sie ihrer Meinung nach »Männer- und Frauenberufe« eingetragen hatten. Es fiel auf, daß sie sehr viel weniger »Frauenberufe« kannten und außerdem, daß höhere Positionen den Männern zugeschrieben wurden. So ergab sich tendenziös folgendes Bild:

Frauenberufe	Männerberufe
Krankenschwester, Hausfrau, Kindergartenleiterin, Stewardess, Putzfrau, Schneiderin, Schaffnerin, Briefträgerin, Apothekerin, Lehrerin, Verkäuferin, Büroangestellte	Pilot, Kapitän, Ingenieur, Arzt, Architekt, Tankwart, Tischler, Klempner, Handwerker, Lotse, Schuldirektor, Soldat, Schornsteinfeger, Polizist, Feuerwehrmann, Versicherungskaufmann, Briefträger, Techniker, Lehrer, Koch, Student, Wissenschaftler, Apotheker

Später wurde die Aufgabe gestellt, Fotomaterial zu sammeln, welches Männer und Frauen im Berufsleben zeigt. Folgende Gesichtspunkte kamen in der auswertenden Diskussion zum Tragen:

1. Beweis dafür, daß auch Frauen höhere Positionen einnehmen können, sogar als profilierte Vertreterinnen in der Politik tätig sind (I. Gandhi, Golda Meir, Hamm-Brücher, L. Funke oder Käte Strobel).
2. Die Diskrepanz der zahlenmäßigen Unterlegenheit der Frauen in diesen Positionen.

Um die unterschiedlichen sozialen Rangstellungen noch deutlicher zu machen, stellte die Klasse den Beruf der Väter fest und den der Mütter, als sie noch nicht verheiratet waren. Bis auf zwei Ausnahmen zeigte die Aufstellung klar die höheren Stellungen des Vaters im Beruf und die damit verbundene längere Schulausbildung. Das Argument, Frauen und Mädchen seien dümmer als Männer und Jungen, war schon widerlegt; diesbezüglich mußten also neue Ursachen erforscht werden. Anknüpfend an das Argument, Frauen seien deshalb Hausfrauen, weil sie durch die Kinder ans Heim gebunden wären, überlegten Schüler und Lehrer die Berufsmöglichkeiten der Frauen. Es be-

durfte sehr vieler Lehrer-Impulse, die Kinder dieses Rollenschema durchdenken zu lassen. Zum Glück brachte ein Mädchen ein Beispiel aus ihrer Nachbarschaft, in dem der Mann den Haushalt führt und die Frau Abteilungsleiterin in einem großen Kaufhaus ist. Hier war ein erster Ansatzpunkt zur Aussprache darüber, daß bestehende Rollen nicht angeboren, sondern anerzogen sind und daß sie unter bestimmten Bedingungen austauschbar werden. Durch ein kleines Interview, das die Kinder mit den Müttern führen sollten, machten sie die Feststellung, daß es eine Reihe von Frauen gibt, die der Haushalt ausfüllt und glücklich macht, gleichzeitig aber auch zahlreiche Frauen lieber im Büro oder im Betrieb tätig sind, da sie andere Begabungen und Neigungen haben.
Es ist also nicht natürlich, daß Frauen immer den Wunsch haben müssen, Mutter und Hausfrau zu werden. Den Kindern waren diese Gedankengänge schwer zugänglich, weil sie stets ihre eigene Mutter vor Augen hatten und sie ja nur in dieser Funktion kannten und respektierten. Es wurde hier auch auf Schweden hingewiesen, wo es schon Beispiele dafür gäbe, daß Hausarbeit und Beruf von Mann und Frau zu gleichen Teilen ausgeführt werden; gleichzeitig aber betont, daß hierfür ganz wesentliche Veränderungen in unserem Staat nötig wären.
An dem Beispiel der geteilten Arbeitszeit von Mann und Frau fanden die Kinder sehr positiv, daß der Vater viel mehr Zeit für sie hätte.
Im wesentlichen sahen die Schüler die Frau nicht mehr hauptsächlich als Hausfrau und Mutter, sondern räumten ihr jetzt die Möglichkeit ein, einen Beruf zu erlernen und durchzuführen.
An dieser Stelle wurde die Behauptung aufgegriffen: »Der Mann ist ja doch immer der Stärkere«. Da die physische Überlegenheit nicht immer gegeben ist, mußten andere Definitionen gefunden werden. »Der Vater verdient das Geld. Er kann auch bestimmen, was damit getan wird.« Gegenstimmen wurden aber laut: »Die Frau arbeitet ja auch für die Familie im Haushalt. Dann gehört ihr auch das Geld.« Hier wurde den Kindern klar, daß die Frau in einem *Abhängigkeitsverhältnis* zum Mann

steht, auch wenn die materielle Basis nur vordergründig erkannt wurde. Beide — Mann und Frau — sollten einen Beruf erlernt haben, der ihnen Spaß macht und Selbstbewußtsein und Verantwortung vermittelt.

Die Klasse stellt auch bald die materielle Notwendigkeit heraus, bedingt durch die bittere Erfahrung von Scheidungen der Eltern. Zusammenfassend läßt sich folgender Katalog von Begründungen für einen Frauenberuf geben:

1. nicht alle Frauen heiraten;
2. sie müssen im Falle von Krankheit und Tod des Mannes oder Scheidung die Familie ernähren;
3. sie sind unabhängiger, weil sie jeder Zeit den Hausfrauenberuf kündigen können.

Es ist hierbei zu erwähnen, daß fast alle Mädchen diesen Standpunkt von vorneherein vertraten, die Jungen stärker das alte Rollenverhalten betonten. Zwei Jungen meinten sogar, daß sie es für richtig hielten, wenn Frauen für die gleiche Arbeit weniger Geld bekämen, weil »Frauenarbeit nicht so gut wäre.« Die übrigen Kinder fanden dies allerdings ungerecht und man mußte ihnen möglichst einfach den ökonomischen Sachverhalt darstellen. Im folgenden Gespräch galt es zu klären, welche Voraussetzungen für die gleichen Berufschancen von Mann und Frau notwendig sind. Schnell erfaßten die Kinder, daß die Schulausbildung wesentlichster Faktor ist. Durch eine Umfrage fanden sie heraus, welche Jungen und Mädchen aus der Klasse beabsichtigen, die Mittelschule bzw. das Gymnasium zu besuchen. Von zehn eventuell für das Gymnasium in Frage kommenden Kindern meldeten sich alle fünf Jungen, aber nur drei Mädchen; bei den potentiellen Mittelschülern ergab sich dasselbe Bild.

Die Gründe dafür fanden sich bald. *Ihre Eltern hatten gemeint, daß Mädchen nicht zum Gymnasium bzw. zur Mittelschule gehen zu brauchen.* Wie sich aus den Zensuren der Klasse ersehen läßt, ist der Leistungsstand von Junge und Mädchen prozentual gleich. Das Argument, ein Mädchen brauche keine längere Aus-

bildung, weil sie ja doch heiratet, wurde von allen späterhin zurückgewiesen.
Im Zusammenhang von Schulausbildung und größeren Berufschancen hatten die Kinder nunmehr verstanden, warum Frauen seltener höhere Positionen einnehmen; ihnen wurde bisher eine längere Ausbildung kaum zugebilligt.

2.4.2.4. Der Partnerschaftsbegriff bei Mann und Frau und bei Junge und Mädchen

Zum Thema Partnerschaft wurden alle Argumente und Erfahrungen noch einmal zusammengefaßt um sie auf diesen Begriff hin zu prüfen. Es wurde zunächst das Wort Partnerschaft auf kindgemäße Weise geklärt. »Es bedeutet, daß Mann und Frau gleich viel zu sagen haben.« Auf die Schularbeit bezogen, fiel die Meinung: »Sie arbeiten zusammen.« (s. S. 10)
Es kristallisierte sich das Gefühl des Gleichwertigseins stark heraus und die Anerkennung des anderen und dessen Aufgaben. »Man darf keine Angst vor dem anderen haben und man muß nicht immer das tun, was der andere will.« Die Kinder stellten alleine den Zusammenhang Partnerschaft-Rücksichtnahme her. In einer Modellfamilie, die in der letzten Unterrichtseinheit entwickelt worden war, war der emanzipatorische Ansatz schon recht stark vorhanden. Die Kinder billigten sich als Partner die Freiheit zu, entscheiden zu können, wie die Arbeit verteilt wird. So war die Vorstellung, daß der Vater den Haushalt führen könnte und die Mutter, da sie bessere Aufstiegschancen besäße, den Unterhalt verdiente, für viele Kinder durchaus realisierbar.
Sehr stark bezogen die Schüler auch die Rechte und Pflichten der Kinder innerhalb der Familie ein und forderten, daß auch sie Entscheidungsbefugnis erhalten sollten.
In der Diskussion war klar zu erkennen, daß sich die Kinder bewußter zueinander verhielten. Dies war auch deutlich im Spiel auf dem Schulhof zu bemerken. Meistens spielten die Kinder miteinander und nicht gegeneinander.

Auch auf der Klassenreise, die wir Anfang des 4. Schuljahres durchführten, kam der partnerschaftliche Gedanke zum Ausdruck. Bei allen Aufgaben spielte das Lustprinzip eine wesentlichere Rolle als die Tendenz »Das ist eine Arbeit für Jungen, das ist eine für Mädchen.« So wurden sogenannte Hausfrauentätigkeiten (Bettenmachen, Ausfegen, Tischdecken usw.) als Wettkampf deklariert und schließlich bekamen ein Jungen- und ein Mädchenzimmer den ersten Preis für die beste Ordnung. Bei Aufgaben wie Höhlenbau, Reiten oder anderen sportlichen Bewegungen waren Mädchen und Jungen gleichermaßen interessiert, so wie es ihren Begabungen entsprach.
Diese ersten erkennbaren Ansätze zu einem emanzipatorischen Verhalten in Form eines gemeinschaftlichen Nebeneinander waren erste erfreuliche Ergebnisse. Wie weit diesen Verhalten von den Kindern internalisiert worden ist sollte der schriftliche Test aufzeigen.

2.5. Die Reaktionen der Eltern

Der Lehrerberuf zeichnet sich nicht nur durch die Unterrichtsarbeit aus, sondern auch durch seine exponierte gesellschaftliche Stellung — d. h. der Lehrer ist nicht nur Wissensvermittler, sondern auch Erzieher und damit der Kritik und den Vorschriften anderer an der Erziehung beteiligter Personen und Institutionen ausgesetzt. Es müssen also auch Handlungsstrategien zur Auseinandersetzung gefunden werden. Darum sollte in der Darstellung eines Unterrichtsprojekts dieser Abschnitt nicht fehlen. Es ist unbedingt notwendig, daß die *Unterrichtsprinzipien* von der Mehrheit der Eltern befürwortet werden. Nur dann können Kompromisse in detaillierten Fragen der Sexualerziehung erreicht werden. Wir wissen, daß der Mensch seit seiner Geburt ein sexuelles Wesen ist. Es läßt sich nicht leugnen, daß zuerst die Eltern in der Sexualerziehung tätig sind. Das bedeutet, das schulpflichtige Kind kommt bereits mit einer vom Elternhaus geprägten Einstellung zur Sexualität in die Schule. Die neu angetragenen Informationen müssen im Konfliktfeld »Schule/Eltern« vom Kind verarbeitet werden. *Dieser Konflikt muß für das Kind stets überwindbar sein!* Das heißt, der Lehrer muß sich auf jedes einzelne Kind und seine Sozialisation einstellen, um es nicht mit unüberwindbaren Gegensätzen zu konfrontieren. Denn geht man davon aus, daß dem Schüler nicht nur ein Faktenwissen vermittelt werden soll, sondern auch ein Problembewußtsein für gesellschaftliche Strukturen, dann muß man sich darüber klar sein, daß z. B. Kritik am traditionellen Rollenverhalten zur persönlichen Kritik an den Eltern werden kann. Stärker — weil auch emotionaler — entsteht also dieses Spannungsfeld. Damit der Konflikt für den Schüler konstruktiv bleibt, ist es falsch, gegen den erklärten Willen der Eltern zu unterrichten.

Ebenso sinnlos ist es, auf Elternabenden die Eltern »mit Biegen und Brechen« im Sinne einer modernen Pädagogik erziehen zu wollen. Vielmehr gilt es, durch wechselseitigen Informationsfluß, durch Verständnis und auf der Basis des gemeinsamen Interesses für das Kind mögliche Kompromisse zwischen tradierten und modernen Lernzielen zu finden.

Auf den Elternabenden, die vor Beginn des Projekts stattfanden, gab es lebhafte Diskussionen z. B. über die Verwendung von Bildmaterial (Erektion des Gliedes, vereinfachte Darstellung des Koitus, Film »die Geburt«) und das Herumzeigen von Kondom, Tampon und Monatsbinde. Einige befürchteten die Tendenz zur Versachlichung, andere die Tendenz zur Zügellosigkeit. Es bedurfte eingehender detaillierter Schilderungen des Projekts, um die Eltern zur Mitarbeit zu gewinnen. Es soll an dieser Stelle erwähnt werden, daß viele Eltern von ihren Kindern neue Informationen erhielten und zu einer kritischen Reflexion ihres eigenen Verhaltens bereit waren. Im Laufe der vierjährigen Arbeit entzündeten sich Grundsatzdebatten auf Elternabenden anhand von Einzelproblemen. Ein Beispiel:

Auf einer Versammlung wurden die Eltern mit dem Vorschlag konfrontiert, einen etwa 10 cm großen konservierten Embryo im Glas zu zeigen. Begründung: die Kinder sollten sehen, wie innerhalb von 3 Monaten aus einem befruchteten Ei ein menschlicher Körper wächst. An diesem Thema entspann sich eine Diskussion über die grundsätzlich freie und naturgetreue Darstellung der Fortpflanzung. Die Passivität vieler Eltern aufgrund eigener anerzogener Scheu wandelte sich ins Gegenteil. An diesem Abend konnte eine breite Mehrheitsbasis für die realistische Darstellung des Geschlechtlichen gefunden werden (z. B. Abbildung der männlichen und weiblichen Geschlechtsorgane).

Es soll aber nochmals betont werden, daß solche Mehrheitsbeschlüsse den Lehrer nicht von der Pflicht entbinden, auf die individuelle Sozialisation jedes Schülers einzugehen.

2.6. Der Test

2.6.1. Zur Konzeption des Fragebogens

Zwei wesentliche Funktionen soll der Fragebogen erfüllen:

a) Lernkontrolle des Unterrichtsstoffs der letzten 4 Jahre (Testbogen A)

b) Überprüfung der Hypothesen zur Rollenverteilung und zum emanzipatorischen Ansatz von Schülerverhalten (Testbogen B)

Zu a): Zunächst geht es im Testbogen A um die Überprüfung des Sachwissens. Dieser Fragebogen wird von den Schülern mit Namen versehen und dient u. a. zur Leistungsbeurteilung. Außerdem sind gute Vergleichsmöglichkeiten mit anderen Klassen gegeben. Die Wissensvermittlung von Name, Aussehen und Funktion der Geschlechtsorgane gilt als wesentlicher Bestandteil des Sexualunterrichts. Auf die Problematik einer einfachen Polarisierung »Sachwissen — ethische Probleme« ist bereits im Abschnitt 1.1.1. hingewiesen worden. Die Tabelle Nr. 1 gibt einen Überblick über das Niveau des Sachwissens in den Klassen. (s. S. 66)

Zu b): Die Schwierigkeit dieser Fragestellung liegt darin, nachzuweisen, wieweit der Unterricht eine Verhaltensänderung bewirkt hat. Hierbei spielt die Einflußvariable »Eltern« eine schwer berechenbare Rolle. Um einigermaßen Klarheit in den komplexen Vorgang der Sozialisation zu bringen, haben wir die Fragen in folgende Bereiche eingeteilt:

1. Verhalten der Testperson (emanzip. Ansatz)
2. Verhalten der Eltern (tradiertes Rollenverhalten)

Fragenbereich Nr. 1 gibt Auskunft darüber, wieweit ein Kind emanzipatorische Ansätze verwirklicht hat. Die Fragen aus dem zweiten Bereich dienen dazu, die in der Arbeit gemachten *Aussagen über tradiertes Rollenverhalten jetzt einmal durch eigene Untersuchungen statistisch zu überprüfen.* Hierbei müssen wir anmerken, daß das Elternverhalten nicht objektiv betrachtet wird, (denn dann müßten wir einen Fragebogen nur für die Eltern anfertigen) sondern aus der subjektiven Sicht des Kindes. Wir halten diese Methode aber für zulässig, weil Kinder die Fragen nach dem Elternhaus doch ziemlich exakt und ehrlich beantworten. Die tabellarische Übersicht erfolgt auf S. 75 in der Tabelle Nr. III »Tradiertes Rollenverhalten der Eltern«.

2.6.2. Kriterien der Auswertung

Während es im Testbogen A im wesentlichen nur »richtige« oder »falsche« Antworten gab, galt es für den Testbogen B (zum Rollenverhalten) Kriterien aufzustellen, die eine klare Auswertung und die Möglichkeit einer tabellarischen Zusammenfassung gewährleisten. Ein solches Vorgehen beinhaltet immer einen gewissen Grad der Vereinfachung, der seine Grenzen in der unzulässigen Manipulation von Ergebnissen findet. Diese Grenze wäre überschritten, würde man z. B. Antworten einfach weglassen, weil sie nicht in das Bild passen.
Darum bedienten wir uns eines relativ einfachen, gut überprüfbaren Bewertungsmodus:
Um komplizierende Antwortkonstruktionen zu vermeiden, wählten wir das »multiple-choice-system«, d. h., der Schüler kann eine von mehreren Möglichkeiten ankreuzen. Nun gibt es zu jeder Frage eine »richtige« Antwort. Dieses ist der Fall,

wenn die Frage *im Sinne der Hypothese* beantwortet ist. Zu jedem Fragenkomplex ist eine Hypothese kurz formuliert, deren ausführliche Begründung aus dem theoretischen Teil der Arbeit hervorgeht. Hierzu zwei Beispiele:

1. Aus dem Bereich *»Verhalten Testperson«:* Die Hypothese lautet: Die Kinder zeigen ein abweichendes Verhalten vom traditionellen Rollenschema und damit einen emanzipatorischen Ansatz.
Die Frage lautet (an ein Mädchen): »Möchtest Du lieber ein Junge sein?«
Nach der Hypothese müßte sich das »sexualkundlich-emanzipatorisch« erzogene Mädchen als gleichwertig empfinden und dürfte nicht den Wunsch haben anderen Geschlechts zu sein. *Eine »Nein«-Antwort wäre also richtig* im Sinne der Hypothese und würde mit einem Punkt belegt werden.
2. Aus dem Bereich *»Elternverhalten«:* Die Hypothese lautet: Die Eltern verhalten sich nach den traditionellen Rollenschemata des Patriarchats. Die Frage lautet: »Wer verdient bei Euch zu Hause das meiste Geld?« und: »Wer bestimmt bei Euch, was im Haushalt getan werden muß?«
Im traditionellen Rollenschema ist der Vater der Hauptverdiener und die Mutter führt den Haushalt. *Die Antwort »Vater — Hauptverdiener« und »Mutter — Haushalt« wäre im Sinne der Hypothese und würde mit einem Punkt belegt werden.*

Es werden also nur Pluspunkte gesammelt. Negative Antworten (nicht im Sinne der Hypothese) werden gleichgesetzt mit keiner Antwort und mit 0-Punkten belegt. Eine genaue Aufstellung aller Fragen mit ihren »richtigen« Antworten erfolgt auf S. 62 ff.

2.6.3. Hinweise zur Durchführung

Der Test wurde in der Klasse durchgeführt, die den geschilderten Sexualkundeunterricht erhalten hatte, und in den drei Parallelklassen derselben Schule. Die Arbeit nahm eine Doppelstunde in Anspruch. In der Zeit konnten alle Kinder fertig werden.

Für die meisten war das Ausfüllen eines solchen Fragebogens völlig neu und sie waren mit Begeisterung bei der Sache. Bedingt durch das multiple-choice-system und durch die klaren Arbeitsanweisungen tauchten technische Probleme nicht auf. Es wurde ausdrücklich darauf hingewiesen, daß es sich in keiner Weise um eine Prüfung handelte und daß jedes Kind sich frei äußern könne. (Anonymität!)

Die drei Parallelklassen sind mit X, Y, Z bezeichnet, die Klasse in der der Sexualkundeunterricht erteilt wurde, mit Probandenklasse (Proband).

2.6.4. Fragen, Antworten und Punktschlüssel aus Testbogen A (Sachwissen) (s. S. 66)

1. Nenne die äußeren weiblichen Geschlechtsorgane!
   Scheidenschlauch (Scheide), äußere und innere Scheidenlippen, Klitoris und Brust — 4 Pkt.
2. Nenne die männlichen Geschlechtsorgane!
   Glied, Eichel, Hodensack, Hoden (Vorhaut) — 4 Pkt.
3. Nenne die inneren weiblichen Geschlechtsorgane!
   Uterus, 2 Eierstöcke, 2 Eileiter — 3 Pkt.
4. Nenne die inneren männlichen Geschlechtsorgane!
   Hoden, Samenleiter, Samenharnröhre — 3 Pkt.
5. Fehlt den Mädchen und der Frau an den Geschlechtsorganen etwas?
   Nein, beim weiblichen Wesen ist der Schlauch innen. 1 Pkt.
6. Warum hat die Frau eine Brust?
   a. Weil sie ein Baby ernähren muß
   b. Weil sie die Männer schön finden — 2 Pkt.
7. Warum bekommt der Junge eine tiefe Stimme?
   Weil seine Stimmbänder wachsen, er ist im Stimmbruch. — 1 Pkt.
8. Wie kommt es zur Pollution und ab welchem Alter?
   a. Im Traum

b. Bei unbewußter Manipulation
c. (Geschlechtsverkehr-Ejakulation)
d. Ab 12 — 14 Jahre 4 Pkt.

9. Wie kommt es zur Menstruation und ab welchem Alter?
Jeden Monat wird ein reifes, unbefruchtetes Ei ausgestoßen. Ab 10 Jahre 3 Pkt.

10. Darf man an seinen Geschlechtsorganen spielen?
Ja (individuelle nähere Erklärung) 2 Pkt.

11. Warum heiraten Mann und Frau?
a. Weil sie sich lieben und zusammen sein möchten
b. Weil sie eine Familie gründen wollen 2 Pkt.

12. Sind Mann und Frau geschlechtlich nur zusammen, weil sie Kinder haben wollen?
Nein, sie sind glücklich, sie wollen oft körperlich zusammen sein. 2 Pkt.

13. Was tun Mann und Frau, wenn sie keine Kinder haben wollen?
Sie benutzen Verhütungsmittel:
Antibabypille, Kondom 2 Pkt.

14. Wie entsteht ein Kind?
a. Der Mann steckt sein Glied in die Scheide der Frau.
b. Der Samen dringt durch den Scheidenschlauch in die Gebärmutter, von da aus in den Eileiter.
c. Dort befruchtet er das reife Ei.
d. Das Ei nistet sich in der Gebärmuter ein. 4 Pkt.

15. Wo lebt das ungeborene Kind?
In der Gebärmutter (Uterus) 1 Pkt.

16. Wie wird das ungeborene Kind ernährt?
Das Kind ist durch die Nabelschnur mit der Placenta verbunden. Das Blut der Mutter transportiert die Nährstoffe in die Placenta. 3 Pkt.

17. Wie nennt man das ungeborene Kind?
Embryo 1 Pkt.

18. Beschreibe die Geburt!
Zunächst platzt die Fruchtblase, das Fruchtwasser tritt aus der Scheide. Die Gebärmutter zieht sich zu-

sammen und auseinander (Wehen) und preßt das Kind heraus, normalerweise zuerst den Kopf. Die Nabelschnur wird von der Placenta getrennt. 4 Pkt.

19. Ordne die entsprechenden männlichen Geschlechtsorgane zu!

Scheidenschlauch	Glied	
Scheidenlippen	Hodensack	
Kitzler	Eichel	
Eileiter	Samenleiter	
Eier	Samen	
Eierstöcke	Hoden	6 Pkt.

2.6.5. Auswertung der Tabelle I (»Sachwissen«) (s. S. 66)

Wie auch in anderen Tabellen wurden nur »Pluspunkte« gezählt, d. h. »nicht beantwortet« und »falsch beantwortet« wurde mit 0-Punkten belegt. Ein Blick zum Tabellenende, wo ein gesamtprozentualer Überblick des Fachwissens in den Klassen gegeben wird, zeigt ein Gefälle von nahezu 60%! Die 3%ige Überlegenheit der Klasse Y zu den Klassen X und Z ist vermutlich darauf zurückzuführen, daß diese Klasse ab und zu Sexualkundeunterricht erhalten hat.

Wenn man vielleicht von den Fragen 8 und 9 absieht (Pollution und Menstruation), so ist keine Frage auf individuellen Unterricht zugeschnitten, sondern sie müßten alle nach den »Hamburger Richtlinien« (vgl. theoretischer Teil S. 5 f.) von den Schülern der 4. Volksschulklassen beantwortet werden können.

So wußten in den drei Parallelklassen nur 20% der Jungen die äußeren weiblichen Geschlechtsorgane richtig zu benennen. (Im Vergleich dazu die Jungen der Prob.-Klasse: 70%). Kurios mag es anmuten, daß sie die eigenen Geschlechtsorgane noch weniger kannten: etwa 10%! (vgl. 4 d: 97%) So ist es nicht anders zu erwarten, daß über die inneren weiblichen Organe nur ein paar Mädchen Bescheid wissen (16%) und über die inneren männlichen Organe nahezu niemand (0 — 2 Punkte). Interessant ist, daß die Mädchen allgemein und speziell bei den Fragen 1 — 4 ein besseres Sexualwissen aufweisen, als die Jungen. Das zeigt auch ein Vergleich aller Prozentwerte.

	Jungen	Mädchen
X	9%	17%
Y	13%	18%
Z	12%	13%

Das auffallendste Ergebnis zeigen die Mädchen der Klasse X: Sie wissen in allen Punkten mehr als die Jungen, also auch über deren eigene Geschlechtsmerkmale; z. B. in den Fragen 2 und 4 (äußere und innere Geschlechtsorgane, männlich), Frage 7 (»Warum bekommt der Junge eine tiefe Stimme?«) und Frage 8 (Pollution). Die Mädchen wissen hier um 4 — 16% mehr.
Eine positive Überraschung war die Antwort der Mädchen auf die Frage 5 (»Fehlt der Frau etwas?«) *Die Hälfte der Jungen* meint zwar, der Frau fehle etwas, aber durchschnittlich 77% aller Mädchen antwortete mit einem selbstbewußten »Nein«. Trotzdem ist von keinem der Schüler der anderen Klassen in Frage 19 (»Ordne zu!«) der Analog-Zusammenhang zwischen männlichen und weiblichen Geschlechtorganen durchschaut worden, was durch die »homologe Geschlechtsbetrachtung« (vgl. S. 42 f.) erreicht werden sollte. Wir müssen aber auch einräumen, daß dieser Lernschritt nicht leicht ist und auch nur gut die Hälfte der Klasse ihn vollständig vollzogen hat (56%).
Dagegen ist das Wissen um die Vorgänge der Geburt (Fragen 15 — 18) in der Probandenklasse zu 70% vorhanden, in den anderen Klassen aber nur zu 10%. Es ist anzumerken, daß wir einen genauen und strengen Maßstab angelegt haben und z. B. die Antwort »im Bauch« auf Frage 15 (»Wo lebt das ungeborene Kind?«) als falsch bewertet haben. Bedenkt man, daß manchmal 11- und sogar 12-jährige Kinder in der Klasse sind, und ferner, daß nicht selten in diesem Alter schon Pollution und Menstruation auftreten, so ist der niedrige Wissensstand zu diesen Fragen (8 und 9) durch nichts zu rechtfertigen. Das wäre schon eher möglich bei der Frage der Empfängnisverhütung — doch hier besitzen immerhin 30% der Mädchen einige

Kenntnisse — aber nur 10% der Jungen! Das unterschiedliche Niveau bei Jungen und Mädchen ist aus Gründen der persönlichen Interessen erklärlich.

TABELLE I "SACHWISSEN" (TESTBOGEN A)

Hinweis zum Lesen der Tabelle:

HP: Höchstpunktzahl, die bei dieser Frage zu erreichen ist. Sie errechnet sich aus der Multiplikation von "Höchstpunktzahl der Einzelfrage" mit "Anzahl der Schüler".

TP: Tatsächlich erreichte Punktzahl

% : Verhältnis von HP zu TP

Beispiel:
Frage 1.: Zu erreichen sind bei dieser Frage 4 Punkte (vgl.S.). In Klasse X sind 15 Jungen. Also 15x4 = 60 = HP
Von diesen 60 Punkten sind insgesamt 10 erreicht worden. Das bedeutet = 17%.
Also: Je höher der Prozentsatz, desto höher der Wissensstand!

Fragen	Klasse X						Klasse Y						Klasse Z						Klasse Proband.					
	Jungen			Mädchen			Jungen			Mädchen			Jungen			Mädchen			Jungen			Mädchen		
	HP	TP	%	HP	TP	%	HP	TP	%	HP	TP	%	HP	TP	%	HP	TP	%	HP	TP	%	HP	TP	%
1. Äuß.weibl.Geschl.org.	60	10	17	56	17	30	56	12	21	56	25	44	64	14	22	60	16	27	68	47	69	56	52	93
2. Äuß.männl.Geschl.org.	60	5	8	56	7	12	56	6	10	56	15	27	64	5	8	60	9	15	68	66	97	56	50	89
3. Innere weibl. "	45	0	0	42	7	17	42	3	7	42	6	14	48	8	17	45	0	0	51	49	96	42	42	100
4. Innere männl. "	45	0	0	42	2	5	42	1	2	42	1	2	48	1	2	45	0	0	51	26	51	42	25	59
5. Fehlt d.Fr.a.G.etwas?	15	8	53	14	10	71	14	6	43	14	10	71	16	8	50	15	13	86	17	17	100	14	14	100
6. Warum hat d.Fr.Brust?	30	10	33	28	11	40	28	8	28	28	12	43	32	10	31	30	11	37	34	26	76	28	22	80
7. Warum d.Ju.tiefe St.?	15	1	6	14	4	29	14	1	7	14	2	14	16	0	0	15	0	0	17	15	88	14	14	100
8. Wie, wann Pollution?	60	1	1	56	8	14	56	2	4	56	1	2	64	0	0	60	1	1	68	39	57	56	38	67
9. " " Menstruation	45	0	0	42	8	19	42	1	2,4	42	2	5	48	0	0	45	2	5	51	27	53	42	24	57
1o. Mit Geschl.org.spielen	30	0	0	28	2	7	28	0	0	28	0	0	32	1	3	30	0	0	34	21	61	28	23	82
11. Warum Heiraten M.+Fr.?	30	16	53	28	26	93	28	22	78	28	18	73	32	26	81	30	22	73	34	34	100	28	27	97
12. M.+Fr., weil Kinder?	30	12	40	28	14	50	28	12	43	28	11	40	32	14	44	30	12	40	34	26	76	28	27	97
13. Was tun M.+Fr., k.K.?	30	4	13	28	8	28	28	8	28	28	9	32	32	3	40	30	7	23	34	26	76	28	28	100
14. Wie entsteht Kind?	60	1	1	56	4	7	56	4	7	56	9	16	64	3	5	60	0	0	68	34	50	56	36	64
15. Wo lebt ungebor.Kind?	15	0	0	14	4	29	14	3	21	14	6	42	16	3	19	15	1	6	17	17	100	14	14	100
16. Wie u.K.ernährt?	45	1	2	42	3	7	42	4	10	42	3	7	48	6	12	45	6	13	51	22	43	42	21	50
17. Wie nennt man u.K.?	15	2	13	14	1	1	14	0	0	14	1	7	16	0	0	15	1	6	17	14	82	14	9	64
18. Beschreibe Geburt!	45	1	2	42	8	19	42	1	24	42	2	5	48	0	0	45	0	0	51	33	64	42	27	64
19. Ordne d. entspr. männl.Geschl.org.zu!	90	0	0	84	0	0	84	1	1	84	0	0	96	0	0	90	0	0	1o2	57	56	84	48	57
GESAMT:	765	72	9	714	124	17	714	95	13	714	133	18	816	102	12	760	101	13	867	596	69	714	544	76
	13%						16%						13%						72%					

Den genauen Wortlaut der Fragen siehe Seite 61 ff.

So wissen auch die Probandschülerinnen 100% Bescheid (Antibabypille, Kondom). Aber nur 76% der Schüler. Möglicherweise sind aber auch unbewußt in der Unterrichtsführung die Mädchen stärker angesprochen worden.
Der Antworten komplex zum Problemkreis »Familienbildung« ist nicht eindeutig zu analysieren. Auf die Frage 11 (»Warum heiraten Mann und Frau?«) erfolgt erfreulicherweise nicht nur die Aussage »Weil sie kleine Kinder haben wollen«, sondern der wichtige psychologische Moment des »Verlangens nach partnerschaftlicher Liebe« scheint den meisten Kindern durch das »Vor-leben« der Eltern bewußt zu sein. Aber bei der Konkretisierung durch die Frage 12 (»Sind Mann und Frau nur zusammen, weil sie Kinder haben wollen?«) zeigen nur etwa 40% diesen Bewußtseinsstand. Eine Erklärung liegt möglicherweise darin, daß den Kindern die Bedeutung des Koitus in der Ehe nicht klar ist (vgl. S. 30!).
In den didaktischen Vorüberlegungen des theoretischen Teils wurde behauptet, daß unsere angeblich freizügige Umwelt immer noch eine stark repressive Sexualpolitik betreibe (vgl. S.7/8). Wir glauben, diese Feststellung wird empirisch fundiert durch die Frage 10 (»Darf man an seinen Geschlechtsorganen spielen?«) die von fast allen Kindern verneint wird. Dieser Beleg wird verstärkt durch die Frage 6 (»Warum hat die Frau eine Brust?«, in deren Antworten der libidonöse Aspekt höchstens zu 30% auftaucht.
Faßt man allein die Ergebnisse des Fragebogens A in der Form zusammen, daß man das starke »Wissensgefälle« zwischen der sexualkundlich unterrichteten und den anderen Klassen aufzeigt, so muß festgestellt werden, daß von einer Chancengleichheit nicht gesprochen werden kann — oder, um es mit den Worten der »Hamburger Richtlinien« auszudrücken: Daß längst nicht alle Schüler »die gleichen Voraussetzungen für ein glückliches und erfülltes Leben« (vgl. S. 5) erhalten. Denn die meisten Eltern sind aufgrund ihrer eigenen, mangelnden Sexualerziehung nicht in der Lage, ihren Kindern das nötige Wissen zu vermitteln.

Auch wenn man den Eltern ihre Bemühungen um repressionsarme Erziehung bescheinigen muß, bleiben sie doch im geschlechtsspezifischen Bereich Denkkategorien überholter Normen verhaftet und hemmen damit unbewußt die gleichwertigen Entwicklungschancen des weiblichen Geschlechts. Empirische Belege hierzu finden sich in der Tabelle zum »Elternverhalten«.

2.6.6. Fragen, Antworten und Punkteschlüssel zu Testbogen B

2.6.6.1. Hypothesen

Die erste Hypothese lautet: die Kinder zeigen ein von der traditionellen Rollenverteilung abweichendes Verhalten; und weiter: die Kinder der Probandenklasse weisen aufgrund des ausführlichen Sexualkundeunterrichts nicht nur besseres »Fachwissen« auf, (Testbogen A) sondern zeigen auch *mehr emanzipatorische Ansätze* in ihren Verhaltensweisen. Alle Antworten, die emanzipatorische Verhaltensweisen aufzeigen, sind im Sinne der Hypothese und werden mit *einem* Punkt belegt.
Die zweite Hypothese lautet: die Eltern zeigen im wesentlichen noch ein *tradiertes Rollenverhalten,* wie es im theoretischen Teil der Arbeit ausführlich dargestellt worden ist. Alle Antworten, die tradiertes Rollenverhalten aufzeigen, sind im Sinne der Hypothese und werden mit einem Punkt belegt.
Im folgenden Fragebogen sind alle Antworten im Sinne der beiden Hypothesen gegeben. Die römische Zahl neben den Fragenummern gibt an, in welche Tabelle die Frage eingeordnet worden ist.

2.6.7. Testbogen B

(Die als »richtig« erwarteten Antworten erscheinen kursiv)

II 1. a (Nur die Jungen beantworten)
Möchtest du lieber ein Mädchen sein?
Ja / *Nein*
b (Nur die Mädchen beantworten)
Möchtest du lieber ein Junge sein?
Ja / *Nein*

II 2. Muß ein Mädchen einen Beruf erlernen?

Ja / Nein

II 3. Muß ein Junge einen Beruf erlernen?

Ja / Nein

III 4. Wer hat bei euch in der Familie am meisten zu sagen?

Vater
Mutter
beide gleich

II 5. Für wen ist ein Führerschein wichtiger im Leben?

Mann
Frau
Für beide gleich

II 6. Frauen sind normalerweise dümmer als Männer!

Ja / *Nein*

7. Wenn ihr einen Ausflug mit dem Auto macht, wer sitzt dann meistens am Steuer?

(Frage gestrichen, s. S. 75)

II 8. Jungen und Männer sollten keine Hausarbeit machen!

Richtig
Falsch

9. Ist deine Mutter berufstätig?

(Frage gestrichen, s. S. 75)

II 10. Jungen und Männer dürfen nicht weinen!

Richtig
Falsch

II 11. Wer sollte im Leben immer das meiste Geld verdienen?

Mann
Frau
Das ist egal
Beide zusammen

II 12. Eine Frau gehört eigentlich ins Haus, sie sollte nicht berufstätig sein!

Richtig
Falsch

II 13. Darf ein Junge ein Mädchen schlagen?

Ja / Nein

Nur, wenn er sich wehren muß

III 14. Wer verdient in eurer Familie das meiste Geld?

Vater

Mutter

Beide zusammen

IIa 15. Wer darf eher unordentlich sein?

Ju / Mä / *Beide*

Wer darf eher unpünktlich sein?

Ju / Mä / *Beide*

Wer darf eher schmutzig sein?

Ju / Mä / *Beide*

Wer darf eher faul sein?

Ju / Mä / *Beide*

Wer darf eher frech sein?

Ju / Mä / *Beide*

Wer darf eher dumm sein?

Ju / Mä / *Beide*

III 16. Wer bestimmt bei euch, was im Haushalt getan werden muß?

Vater

Mutter

Beide

III 17. Hast du schon einmal gesehen, daß dein Vater weint, weil er traurig ist?

Ja / *Nein*

III 18. Hast du schon einmal gesehen, daß deine Mutter weint, weil sie traurig ist?

Ja / Nein

III 19. Wie oft spielt dein Vater mit dir?

Fast jeden Tag

Kaum, nur zu Weihnachten

IIa 20. Kreuze an, welches Spielzeug für Jungen, für Mädchen oder für beide gelten sollte!

Elektrische Eisenbahn Ju / Mä / *Beide*

Kaufmannsladen

Ju / Mä / *Beide*

Arztkasten

Ju / Mä / *Beide*

Puppen

Ju / Mä / *Beide*

Werkzeugkiste

Ju / Mä / *Beide*

Kochherd

Ju / Mä / *Beide*

Steifftiere

Ju / Mä / *Beide*

Flugzeuge zum Selbstbau

Ju / Mä / *Beide*

Chemiekasten

Ju / Mä / *Beide*

II 21. Könntest du dir vorstellen, daß der Vater den Haushalt führt und die Mutter das Geld verdient?

Ja / Nein

IIIa 22. Im folgenden sollst du ankreuzen, wer bei euch normalerweise diese Arbeiten macht.

Kochen

Vater / *Mutter* / Familie

Gartenarbeit

Vater / Mutter / *Familie*

Autowaschen

Vater / Mutter / Familie

Einkaufen

Vater / *Mutter* / Familie

Lampe reparieren

Vater / Mutter / Familie

Fenster putzen

Vater / *Mutter* / Familie

Abwaschen

Vater / Mutter / *Familie*

II 23. Was sagst du dazu, daß Mädchen Fußball spielen?

Finde ich prima
Ist für Mädchen ungesund
Ich finde F. sowieso blöde
Mädchen sollten doch lieber andere Sportarten treiben

II 24. Politik ist Männersache!
Ja / *Nein*

II 25. Mädchen und Frauen sind i. a. nicht soviel wert wie Jungen und Männer!
Richtig / *Falsch*

IIa 26. Kreuze an, welche dieser Arbeiten deiner Meinung nach Männersache, Frauensache oder Sache aller sind!
Kochen
Männers. / Frauens. / *Aller S.*
Einkaufen
Männers. / Frauens. / *Aller S.*
Gartenarbeit
Männers. / Frauens. / *Aller S.*
Autowaschen
Männers. / Frauens. / *Aller S.*
Fenster putzen
Männers. / Frauens. / *Aller S.*
Abwaschen
Männers. / Frauens. / *Aller S.*
Lampe reparieren
Männers. / Frauens. / *Aller S.*

II 27. Ich finde es richtig, wenn Männer die besseren Berufe haben.
Richtig / *Falsch*

II 28. Mädchen brauchen nicht zu studieren, sie werden ja doch Hausfrauen!
Richtig / *Falsch*

III 29. Dürfen bei euch die Kinder beim Essen reden?
Ja / *Nein*

30. Warum ist die Mutter berufstätig?
(Frage gestrichen, s. S. 74)

II 31. Was ist im Leben besser?

Vatersein
Muttersein
Das ist egal

II 32. Wann sollte ein Kind seine Meinung sagen?

Nur wenn es danach gefragt wird
Immer wenn es gerade Lust dazu hat
Wenn es um Dinge geht, die das Kind betreffen (Hausaufgaben, Spielzimmer etc.)

IIb 33. Aus den folgenden Eigenschaften sollst du die drei wichtigsten für einen Mann ankreuzen!

Klug, Schön, Groß, Stark, Reich, Fleißig, Lieb, Zärtlich, Gut gekleidet, Ordentlich, Kinderlieb, Gut-Kochen-Können

II 34. Darf ein Mädchen einen Jungen schlagen?

Ja / Nein
Nur wenn es sich wehren muß

III 35. Bekommst du Schläge?

Nein, nie!
Manchmal
Sehr selten
Häufig

IIb 36. Aus den folgenden Eigenschaften sollst du die drei wichtigsten für eine Frau ankreuzen!

Klug, Schön, Groß, Stark, Reich, Fleißig, Lieb, Zärtlich, Gut gekleidet, Ordentlich, Kinderlieb, Gut-Kochen-Können

II 37. Sollte eine Mutter berufstätig sein?

Ja, den ganzen Tag
Ja, aber nur halbtags
Ja, aber nur ein paar Stunden
Nein

IIIa 38. Kreuze die drei wichtigsten Eigenschaften deines Vaters an!

Groß, Reich, Klug, Fleißig, Ordentlich, Kinderlieb, Gut gekleidet, Stark, Zärtlich, Lieb, Kann gut kochen

III 39. Bei welchen Gelegenheiten darfst du zu Hause deine Meinung sagen?

Immer wenn ich gerade Lust habe
Nur wenn ich danach gefragt werde
Wen es um Dinge geht, die mich selbst betreffen

IIIa 40. Kreuze die drei wichtigsten Eigenschaften deiner Mutter an!

Klug, Schön, Lieb, Kann-Gut-Kochen, Zierlich, Groß, Gut gekleidet, Kinderlieb, Ordentlich

41. Ich meine, Männer sollten die besseren Berufe haben als Frauen.

(Frage gestrichen, s. S. 72!)

2.6.8. Auswertung der Tabellen II und III (Testbogen B)

2.6.8.1. Allgemeines

Insgesamt sind etwa *120 Schüler* befragt worden, d. h. etwa *5000 Antworten* kamen zur Auswertung. Die Ergebnisse sind im allgemeinen sehr signifikant, besonders bezüglich des »emanzipatorischen Schülerverhaltens«. Erfreulicherweise zeigte hier die Probandenklasse deutliche Ansätze zu einem emanzipatorischen Verhalten im Vergleich zu den anderen Schülern.
Bei drei Fragen hat sich allerdings erst bei der Auswertung gezeigt, daß sie falsch konzipiert sind — sie wurden gestrichen:
Nr. 7: »Wenn Ihr einen Ausflug mit dem Auto macht, wer sitzt dann meistens am Steuer?«
Die Antwort »Vater« wäre im Sinne der Hypothese nach tra-

diertem Rollenbild. Die Antworten »Mutter« und »Das ist sehr verschieden« sind hier aber nicht zu trennen von »Gar kein Auto« oder wenn die Mutter keinen Führerschein hat. Die Frage könnte also nur an die Kinder gestellt werden, die ein Auto in der Familie haben und deren Mütter einen Führerschein besitzen.

Die Frage Nr. 9 »Ist Deine Mutter berufstätig?« erübrigt sich durch die Frage Nr. 14 »Wer verdient in Eurer Familie das meiste Geld?«

Nr. 41 »Ich meine, Männer sollten die besseren Berufe haben als Frauen.«

Die Frage ist doppelt gestellt (siehe Frage Nr. 27): »Ich finde es richtig, wenn Männer die besseren Berufe haben.«

Sehr wesentlich ist die Feststellung, daß bei diesem Test weder die Intelligenz noch die soziale Schichtenzugehörigkeit des Schülers berücksichtigt worden ist. Es hat sich aber gezeigt, daß sich die Leistungen in diesem Fach und die Verhaltensweisen der Probandenklasse zu allen drei Klassen eindeutig abgrenzten. Somit können diese »Fehlerquellen« als konstante Größen angesehen werden.

Hinweise zum Lesen der Tabellen:

Um die Anonymität zu wahren, haben wir die drei Klassen X, Y, Z benannt, die eigene mit »Prob.«. »14 X« heißt also 14 Schüler der Klasse X, die an dem Test teilgenommen haben.

In den drei Parallelklassen ist die Anzahl der Jungen und Mädchen gleich, in der Probandenklasse (»Prob.«) sind 14 Mädchen und 17 Jungen.

Tabelle II (s. S. 84) gibt an, wie weit das Verhalten der Schüler als »emanzipatorisch« bezeichnet werden kann. Da nur die Antworten im Sinne der Hypothese positiv bewertet wurden, *ist der »Grad der Emanzipation« an der »Höhe der Zahl«* abzulesen. Einen Gesamtüberblick vermittelt die *Prozentzahl am Fuß der Tabelle.* Sie errechnet sich wie folgt:

Gesamtpunkte aller Fragen addiert, das Ergebnis dividiert durch das Produkt aus Anzahl der Schüler und Anzahl der Fragen,

Beispiel: Klasse »14 X«

TABELLE .III "VERHALTEN DER ELTERN"

Fragen	beantw. mit:	Jungen 14X	14Y	15Z	17Prob.	Mädchen 14X	14Y	15Z	14Prob.
4. Wer hat i.d.Familie am meisten zu sagen?	Vater	2	8	8	4	2	5	1	/
14. Wer verdient das meiste Geld?	Vater	13	11	14	16	9	12	12	12
16. Wer bestimmt, was im Haushalt getan wird?	Mutter	9	10	12	7	5	7	11	10
17. Hast du schon mal den Vater weinen sehen?	nein	11	13	13	14	11	14	13	12
18. Hast du schon mal die Mutter weinen sehen?	ja	7	10	11	17	7	9	12	13
19. Wie oft spielt der Vater mit dir?	kaum/ Weihn.	7	13	13	12	9	11	11	8
29. Dürft ihr beim Essen reden?	nein	6	6	7	4	8	4	5	/
35. Bekommst du Schläge?	selten	12	6	10	15	12	8	8	12
	manchm.	/	5	4	1	/	2	3	1
	häufig	1	2	2	/	/	/	/	/
	nie	1	1	/	1	2	4	4	1
39. Wann dürft ihr zuhause eure Meinung sagen?	wenn gefragt	4	4	3	4	7	4	5	/

erreichte Punkte 111

zu erreichende Höchstpunktzahl =

19 Fragen x 14 Schüler 266 = 41%

Hierbei ist die Frage Nr. 37 (»Sollte eine Mutter berufstätig sein?«) nicht mitgezählt worden, wie bereits oben angeführt wurde. Signifikante Ergebnisse sind mit einem Pfeil gekennzeichnet.

Die Tabellen II a und II b (s. S. 81 und S. 83) beinhalten dieselben Zielsetzungen wie Tabelle I und sind nur aus Gründen der Übersichtlichkeit extra aufgeführt. Tabelle III gibt an, wie-

weit die These vom *tradierten Rollenverhalten der Eltern* zutreffend ist. Da nur die Antworten im Sinne der Hypothese positiv bewertet wurden, ist der *»Grad des tradierten Rollenverhaltens« an der »Höhe der Zahl« abzulesen.*
Tabelle IIIa (s. S. 78) beinhaltet dieselbe Zielsetzung und ist wiederum aus »technischen« Gründen extra aufgeführt.

2.6.8.2. Auswertung der Tabellen III und IIIa
Allgemein läßt sich feststellen, daß die Theorie vom tradierten Rollenverhalten der Eltern in den meisten Fällen zutrifft. Es ist auch keine Überraschung, daß nach wie vor der Vater der Hauptverdiener ist und die Mutter bestimmt, was im Haushalt getan werden muß (Fragen 14 und 16). Erstaunlich ist dagegen die Feststellung, daß auf die Frage »Wer hat in der Familie am meisten zu sagen?« nur sehr wenige mit »Vater« antworteten. Zusammengenommen mit den Fragen 29 (»Dürft Ihr beim Essen reden?«) und 39 (»Wann dürft Ihr Eure Meinung sagen?«) läge der Schluß nahe, daß sich in den meisten Familien eine liberale Mitbestimmung durchgesetzt hat. (Hier wäre eine Analyse der sozialen Schichtung und des Durchschnittsalters der Eltern im übrigen sehr interessant!)
Wer nun tatsächlich die letzten wichtigen Entscheidungen trifft, ist mit diesem Fragebogen nicht festzustellen. Zumindest bei den Kindern — und das ist in diesem Falle entscheidend — herrscht allgemein kein »patriarchisches Bewußtsein«. Das erleichtert die Erziehung zur verantwortungsbewußten, entscheidungsbefugten Frau, insofern als die Schülerinnen gewisse Forderungen nach Mitbestimmung realisieren können. Das entspricht dem didaktischen Anspruch im theoretischen Teil auf S. 57, wonach die Gegensätze im Konfliktfeld Schule/Eltern für die Kinder überbrückbar sein müssen.
Im praktischen Teil auf S. 46 haben wir über Beobachtungen berichtet, daß es für manche Schüler bei der kritischen Hinterfragung der Genuskategorien sicher eine bittere Erkenntnis war, daß ihr Vater durchaus nicht der starke, mutige, »heldenhafte« Mann ist. Die Richtigkeit dieser Beobachtungen zeigen die Ant-

TABELLE III a

Fragen	Jungen 14 X V	M	F	Jungen 14 Y V	M	F	Jungen 15 Z V	M	F	Jungen 17 Prob. V	M	F	Mädchen 14 X V	M	F	Mädchen 14 Y V	M	F	Mädchen 15 Z V	M	F	Mädchen 14 Prob. V	M	F
22. Wer macht bei euch:																								
Kochen	/	7	4	/	10	5	1	13	1	2	9	5	/	10	1	/	10	3	1	13	1	/	6	7
Gartenarbeit	7	2	4	2	3	4	8	1	5	1	3	5	2	/	6	5	/	6	8	1	5	/	/	9
Autowaschen	10	/	3	7	1	2	11	1	3	5	/	7	9	/	3	12	/	/	11	1	3	4	/	6
Einkaufen	1	7	4	/	6	7	1	14	/	1	6	10	1	7	7	/	6	8	1	14	/	/	4	9
Lampe reparieren	12	/	1	13	1	/	13	2	1	16	/	1	12	/	/	14	/	/	13	2	1	9	/	4
Putzen	2	9	1	1	13	/	/	15	/	1	13	3	/	11	2	/	12	/	/	15	/	/	8	4
Abwaschen	/	6	5	/	10	4	/	12	3	/	6	10	/	6	7	1	9	3	/	12	3	1	6	7
			22			22			13			41			26			20			13			46

	Jungen 14 X	14 Y	15 Z	17 Prob.	Ges.	Mädchen 14 X	14 Y	15 Z	14 Prob.	Ges.
38. Die wichtigsten Eigeschaften des Vaters :										
klug	7	10	9	7	33	2	9	12	6	29
schön	/	/	/	1	/	2	/	2	/	/
groß	1	/	/	/	/	2	3	3	1	9
zierlich		/	/	/	/	/	/	/	/	/
stark	3	5	3	6	17	3	2	5	6	16
reich	/	1	/	2	/	3	/	/	1	/
fleißig	6	9	10	10	35	9	8	7	5	29
lieb	1	6	/	5	12	/	6	1	5	12
zärtlich	2	/	1	/	/	/	/	/	/	/
gut gekleidet	3	2	3	2	10	4	3	3	1	11
ordentlich	5	4	7	2	18	1	5	3	3	12
kinderlieb	9	5	11	14	39	9	5	12	8	34
gut kochen	2	/	1	1	4	/	/	1	1	2
40. Die wichtigsten Eigenschaften d. Mutter :										
klug	3	8	11	9	31	4	6	9	5	24
schön	3	4	2	3	12	4	5	3	2	14
gut kochen	12	10	13	11	46	10	11	12	11	44
lieb	6	9	1	7	23	4	7	4	6	21
gut gekleidet	6	1	6	3	16	5	3	2	3	13
zierlich	/	2	/	/	/	2	1	/	1	4
kinderlieb	7	5	11	11	34	7	4	7	11	29
groß	/	1	/	1	/	/	1	/	1	2
ordentlich	3	2	4	6	15	6	4	8	3	21
faul	/	/	/	/	/	/	/	/	/	/
stark	/	/	/	/	/	/	/	/	/	/

Abkürzungen: V = Vater ; M = Mutter; F = Familie
Ges = Jungen Gesamt oder Mädchen Gesamt

worten auf die Fragen 17 und 18, in denen gefragt ist, ob sie Vater und Mutter schon haben weinen sehen. Hier verhalten sich die Eltern rollenkonform im Sinne der Hypothese: ein Mann ist stark, zeigt keine Träne, eine Frau darf schwach sein und vor Kindern weinen. Daß die Kinder der Probandenklasse mit großer Mehrheit die Meinung vertreten, Jungen und Männer dürften ruhig weinen (Frage 10, Tabelle II) beweist einen echt emanzipatorischen, vom tradierten Elternverhalten abweichenden Ansatz!

Analog zu den Fragen, ob Kinder sich gegenseitig schlagen dürfen, kann man nach Frage 35, Tabelle III (»Wie oft bekommst Du Schläge?«) feststellen, daß Erziehung durch »körperliche Züchtigung« im allgemeinen nicht mehr üblich ist und somit das Problem der Gewalt nicht vorrangig zu sein scheint.

Dagegen sollten alle Väter über den stillen Vorwurf informiert werden, der in den Antworten auf die Frage steckt: »Wie oft spielt Dein Vater mit Dir?« Nur in der Klasse X scheinen die Väter mehr Zeit für ihre Kinder aufzubringen, die anderen Väter spielen kaum, bzw. nur zu Weihnachten mit ihren Kindern. Es ist allerdings nochmals zu betonen, daß die subjektiven Eindrücke der Schüler wiedergegeben werden, die manchen unberechenbaren Einflußvariablen unterliegen. So nehmen wir z. B. an, daß einige Kinder der Probandenklasse die Beurteilung des Elternverhaltens mit den Erwartungen des Lehrers verbinden. Dieser Verdacht erhärtet sich bei Frage 22, Tabelle IIIa, wo es um die Aufgabenverteilung in der Familie geht. Es ist eigentlich kaum anzunehmen, daß die signifikanten Unterschiede in der Sparte »ganze Familie« der Realität entsprechen, daß also die Aufgabenverteilung in den Familien der Probandenklasse bedeutend gemeinschaftlicher erfolgt. Trotz dieser Fehlerquelle zeigt ein *Vergleich zwischen dem tatsächlichen Elternverhalten (»Wer macht bei Euch* die Arbeiten ...«) *und dem Schülerverhalten (»Wer sollte* diese ... Arbeiten machen?«) Frage 26, Tabelle IIa, signifikante Ergebnisse. Der Einfachheit halber werden nur die Additionen der Spalten »ganze Familie« und »Sache aller« verglichen.

Probandenklasse (»Prob.«)		Jungen	Mädchen
IIIa 22.	»ganze Familie«	41	46
II a 26.	»Sache aller«	69	73

In den übrigen drei Klassen zeigen diese beiden Fragenbereiche (Elternverhalten — Schülerverhalten) Konformität. Das bedeutet, die Väterarbeiten »Lampe reparieren« und »Autowaschen« sind nach Meinung der Schüler auch Männersache, und die Mutterarbeiten »Kochen« und »Fensterputzen« sind Frauensache.

Dieser Teil des Fragebogens — zum Elternverhalten — sollte die in der Literatur gestellten Hypothesen (Millet, Kunstmann) zum tradierten Rollenverhalten überprüfen. Diese Funktion konnte nur unzureichend erfüllt werden, weil die Fragen nicht an die Betroffenen selber gerichtet waren, sondern von kindlicher Beurteilungsfähigkeit abhingen.

Im Rahmen dieser Arbeit und der didaktischen Vorüberlegungen ist die subjektive Einschätzung des Schülers wichtiger als die Realität, weil offenbar wird, in welchem Maße das Kind den schulischen Eingriff im Familienleben (Aufgabenverteilung, Mitbestimmung, gemeinsames Spielen) verarbeiten kann. Um Mißverständnissen vorzubeugen, möchten wir es noch einmal klar formulieren: die Verpflichtung des Lehrers, sich auf Elternabenden und in Einzelgesprächen über die soziale Lage seiner Kinder zu informieren, kann durch Schülerbefragungen nicht ersetzt werden. Im Sinne einer verhaltenspsychologischen Rollentheorie ist die Kenntnis der kindlichen Selbsteinschätzung aber mindestens genauso wichtig. Wieweit emanzipatorisches Verhalten durch schulische Erziehung statistisch nachgewiesen werden kann, zeigt die Tabelle II, bzw. IIa und IIb (s. S. 85, 81, 83).

2.6.8.3. Auswertung der Tabelle II

Die Gesamtprozentzahlen am Tabellenende vermitteln einen ersten Eindruck vom unterschiedlich emanzipatorischen Verhalten. Danach liegen die Werte der Probandenklasse nicht nur um durchschnittlich 30% höher als in den Parallelklassen, sondern außerdem die Werte der Mädchen in den Klassen X, Y und Z durchschnittlich um 10% höher als bei den Jungen derselben Klassen.

Zusammengenommen mit der Feststellung »Frauen und Mädchen sind nicht soviel wert wie Männer« ergibt sich das *fatale Bild,* daß besonders die Jungen der drei Parallelklassen das weibliche Geschlecht *minderwertig* einschätzen. Von einem »Deklassierungsbewußtsein« der Mädchen kann bei diesen beiden

TABELLE II a

	Jungen												Mädchen											
	14 X			14 Y			15 Z			17 Prob.			14 X			14 Y			15 Z			14 Prob.		
Fragen	Ju	Mä	bd	Ju	Mä	bd	Ju	Mä	bd	Ju	Mä	bd	Ju	Mä	bd	Ju	Mä	bd	Ju	Mä	bd	Ju	Mä	bd
15. Wer darf eher frech sein?	10	/	4	8	/	6	7	2	7	2	2	15	8	/	5	6	/	10	11	/	4	2	/	12
schmutzig?	8	2	4	4	/	10	10	/	6	2	/	12	10	/	4	8	/	6	13	/	2	3	/	12
unordentlich?	4	/	10	5	1	8	8	1	8	2	4	6	7	/	7	6	/	8	7	2	5	4	/	10
unpünktlich?	9	1	3	2	1	11	4	6	6	4	3	10	6	/	9	6	2	7	8	2	5	3	1	12
faul?	6	4	5	3	3	8	4	5	7	1	3	13	10	/	4	8	2	4	7	5	3	3	/	14
dumm?	1	(10)	3	1	(5)	8	/	(9)	7	1	(/)	16	7	1	6	5	3	6	6	(8)	3	/	/	(14)
			29			30			41			70			35			41			22			71
20. Ordne Spielzeug zu:																								
elektr. Eisenbahn	(11)	(/)	/	(14)	(/)	/	(15)	(/)	1	(11)	(/)	6	(12)	(/)	1	(13)	(/)	1	(14)	(/)	/	(4)	/	10
Kaufmannsladen	4	5	4	/	8	6	3	8	5	/	8	9	2	6	8	/	3	11	1	4	11	/	1	13
Arztkasten	5	3	5	/	8	6	4	6	5	1	2	14	2	4	6	/	6	8	1	4	9	/	/	14
Puppen	/	(11)	1	/	(14)	/	1	(14)	3	/	9	8	/	(12)	/	/	(14)	/	/	15	/	/	(4)	10
Werkzeug	(13)	/	/	(14)	/	/	(12)	2	2	11	/	6	(10)	/	2	(14)	/	/	(14)	/	/	(6)	/	8
Kochherd	/	(11)	/	/	(14)	/	/	(12)	5	/	8	9	/	(12)	1	/	(14)	/	/	(15)	/	/	(4)	6
Steifftiere	/	3	7	/	2	12	/	4	10	/	1	16	/	1	11	/	1	13	2	1	17	/	/	12
Flugzeuge zum Selbermachen	9	/	/	12	/	1	13	2	1	11	/	6	9	2	2	14	/	/	15	/	/	7	/	7
Chemiekasten	7	/	5	12	/	2	8	2	6	12	/	5	5	/	6	4	/	10	5	/	10	5	/	9
26. Welche Arbeiten s.Männers	×Mä	Fr	al	×Mä	Fr	al	×Mä	Fr	al	×Mä	Fr	al	×Mä	Fr	al	×Mä	Fr	al	×Mä	Fr	al	×Mä	Fr	al
Kochen	1	5	4	/	12	3	1	13	2	/	8	9	/	7	2	/	13	1	/	12	2	/	5	2
Einkaufen	1	7	5	/	6	8	2	13	1	/	4	13	/	6	8	/	5	9	/	8	6	/	1	13
Gartenarbeit	10	2	2	4	3	6	14	/	3	3	1	12	7	/	7	9	/	5	8	/	5	2	/	12
Autowaschen	9	/	4	12	/	1	14	/	/	6	/	11	10	/	3	12	/	3	8	/	4	3	/	10
Fenster putzen	2	(10)	2	1	(13)	/	/	(16)	/	1	(8)	7	/	(10)	4	/	(12)	2	1	(13)	1	/	7	9
Abwaschen	/	8	5	/	10	4	/	14	2	/	3	14	/	8	6	/	8	6	1	14	2	/	2	13
Lampe reparieren	(13)	/	/	(14)	/	/	(15)	/	1	(14)	/	3	(12)	/	2	(14)	/	/	(14)	/	1	7	/	8
			22			22		9				69			32			26			21			73

Ju = Jungen; Mä = Mädchen; bd = beide zusammen;

×Mä = Männer; Fr = Frauen; al = aller

Fragen aber höchstens in Klasse Y gesprochen werden (9 von 14 stimmten zu).
Erschreckend wird es allerdings bei der Äußerung »Politik ist Männersache«. In allen drei Klassen bestätigt die Mehrheit dieses Vorurteil. Im Vergleich dazu zeigen 15 Jungen und 11 Mädchen der Probandenklasse Ablehnung.
Nur 5 Jungen und 7 Mädchen der Klasse X meinen, daß die Mädchen einen Beruf lernen müßten. Bei der Frage nach der »Notwendigkeit des Studiums« für Mädchen ändert sich das Urteil der Jungen wenig, wogegen die Mädchen jetzt offenbar meinen: »Wenn schon Abitur, dann auch studieren«. Festzuhalten bleibt auf jeden Fall das negative Gefälle zwischen Frage 2 und 3. Wie im theoretischen Teil schon gefordert wurde, muß gerade auf den Volksschulen darauf hingewirkt werden, daß auch die Mädchen eine Rolle im Berufsleben einnehmen sollten und nicht nur auf ein Hausfrauen- und Mutter-Dasein vorbereitet werden. Darüber hinaus gilt es zu einem Bewußtsein der beruflichen Gleichwertigkeit zu erziehen, wie die niedrigen »Emanzipationswerte« (E-Werte) anhand der Aussage »Ich finde es richtig, daß Männer die besseren Berufe haben« zeigen. Die Zahlen der Probandenklasse sind im Vergleich dazu zwar wesentlich höher (in Klasse X bezeichnete nur ein Junge diese Aussage als falsch), reichen aber bei diesem wichtigen Komplex nicht aus. Analog dazu antworteten nur wenige Schüler auf die Frage 31 (»Was ist im Leben besser, Vatersein oder Muttersein?«, daß das egal sei. Wie auch aus den Gesamtprozentzahlen ersichtlich, ist erfreulicherweise bei den Mädchen das kritische Potential größer, was an Frage 31 besonders deutlich wird.
In welch *hohem Maße* die Kinder bereits auf die *Rollenverteilung in einem Patriarchat gedrillt* sind, zeigen die nahezu einhelligen Meinungen der Kinder, daß der Mann immer das meiste Geld verdienen *müsse* (Frage 11), daß die Frau ins *Haus gehöre* (Frage 12) und daß Jungen und Männer *keine Hausarbeit* machen sollten (Frage 8).
Die Konformität mit dem Elternverhalten ist aus Tabelle IIIa zu erkennen, wo die Einteilung der Hausarbeit ziemlich rollen-

TABELLE II b

Fragen	Jungen 14 X	Jungen 14 Y	Jungen 15 Z	Jungen 17 Prob.	Mädchen 14 X	Mädchen 14 Y	Mädchen 15 Z	Mädchen 14 Prob.
33. Eigenschaften f.e.Mann								
klug !	8	14	10	13	10	9	10	7
schön	1	/	1	1	1	1	/	/
groß	2	1	/	1	1	2	/	/
stark	5	5	7	6	8	5	4	4
reich	4	5	1	3	1	3	1	1
fleißig !	8	5	7	6	3	8	8	5
lieb	1	2	1	1	2	2	1	6
zärtlich	/	1	/	/	2	1	1	2
gut gekleidet	1	2	5	2	3	2	2	3
kinderlieb !	8	1	11	12	4	2	9	12
ordentlich	/	6	3	2	5	9	9	1
gut kochen	/	/	3	3	2	/	/	1
36. Eigenschaften f.e. Frau								
klug !	6	12	10	11	7	9	7	4
schön	3	5	3	4	2	3	3	2
groß	/	/	/	/	/	/	/	/
zierlich	/	/	/	1	/	/	/	/
stark	/	1	1	/	/	/	/	/
reich	3	1	/	2	1	1	/	/
fleißig	5	4	6	4	4	5	4	3
lieb	1	1	2	2	2	2	2	8
zärtlich	/	/	/	1	1	1	3	3
gut gekleidet	/	/	3	3	2	2	/	/
ordentlich	1	4	2	3	5	2	4	4
kinderlieb !	11	4	10	11	7	7	12	12
gut kochen !	12	10	11	9	11	10	10	6

spezifisch erfolgt. Demzufolge können sich auch nur die wenigsten Kinder vorstellen, daß der Vater den Haushalt führt und die Mutter das Geld verdient (Frage 21). Die hohen E-Werte der Jungen der Probandenklasse bei den Fragen 6, 8 und 12 bezeugen die Richtigkeit der Behauptung, daß die Befreiung der Frau gemeinschaftlich mit dem Mann erfolgen muß. Wie ungeheuer wichtig eine gezielte Erziehung hierzu ist, beweisen wohl die genannten Zahlen sehr eindrucksvoll. Denn nimmt man noch die Frage 5 dazu (»Für wen ist ein Führerschein wichtiger?«), *so rundet sich bereits in den 4. Volksschulklassen das Bild vom unterprivilegierten Geschlecht ab*. Dabei erscheint es

auf den ersten Blick seltsam, daß kaum ein Mädchen den Wunsch äußert, lieber als Junge geboren zu sein (Frage 1). Damit wird die Behauptung Kate Millets, daß ein Großteil der Mädchen lieber in der »Elitegruppe« wäre, *widerlegt* (vgl. S. 23). Gleichzeitig ist aber ihre These von der »Inneren Kolonisation« im Patriarchat bestärkt, denn der Widerspruch zwischen der *minderwertigen Selbsteinschätzung* der Mädchen und der *gleichzeitigen Zufriedenheit* mit ihrem Status ist nur mit der ideologisch abgesicherten Erziehung zur totalen Anpassungsfähigkeit zu erklären. Ob diese Aussage durch die Frage 32 »Wann sollte ein Kind seine Meinung sagen dürfen?« durch die (nur) 5 Mädchen der Klasse X untermauert werden kann, möchten wir bezweifeln, denn wir glauben hier sind die Kinder in ihrer Selbsteinschätzung überfordert. Das trifft natürlich auch für die mittleren Werte zu.
Die Fragen 10, 13 und 34 werden in der Auswertung der Tabelle IIa besprochen.

2.6.8.4. Auswertung der Tabellen IIa und IIb

In Anlehnung an die Auswertungsergebnisse der Tabelle II wird in Frage 26 die Theorie von der normierten Aufgabenverteilung in den Familien nachgewiesen. Besonders signifikant sind die Aufgabengebiete »Fensterputzen« (Frauensache) und »Lampe reparieren« (Männersache), Einkaufen, Gartenarbeit und Abwaschen sind mittlerweile zu »Familienarbeiten« avanciert, was sicherlich als Ansatz zu emanzipatorischem Verhalten zu werten ist. Je mehr die Kinder der Meinung sind, alle anfallenden Hausarbeiten seien grundsätzlich die *»Sache aller«, umso mehr kann man von einem gemeinschaftlichen Denken sprechen. Diesbezüglich sind vor allem die Zahlen in den Sparten »Sache aller«* zu vergleichen. Auch hier lassen sich bei Jungen und Mädchen der Probandenklasse positive Ergebnisse verzeichnen.
Was die sozialen Interaktionen bei den Kindern selbst betrifft, so kann man anhand der Fragen 13 und 34 (»Darf ein Junge/Mädchen ein Mädchen/Jungen schlagen?«) folgern, daß das

TABELLE II "VERHALTEN TESTPERSON"

Fragen	beantw. i.Sinne d.Hypoth	Jungen 14X	14Y	15Z	17 Prob.	Mädchen 14X	14Y	15Z	14 Prob.
1. Möchtest ... Ju/Mä?	nein	13	14	15	16	13	14	14	15
2. Mä ... Beruf?	ja	5	9	8	13	7	9	13	12
3. Ju ... Beruf?	ja	12	13	15	17	11	14	15	14
5. Führerschein?	beide	6	3	5	10	6	10	4	11
6. Fr. dümmer als M.?	falsch	5	6	9	17	11	9	10	13
7. Ju.u.M.keine Hausarb.	falsch	2	9	10	14	6	4	8	13
10. Ju.u.M.nicht weinen!	falsch	9	7	9	16	6	9	5	13
11. Wer Geld verdienen?	beide	4	5	2	7	6	4	5	9
12. Frau gehört ins Haus	falsch	4	7	5	17	8	6	3	16
13. Darf Ju.Mä.schlagen?	z.wehren	9	7	10	15	10	7	13	12
21. Vater Haushalt?	ja	3	2	5	9	4	3	5	9
23. Mä Fußball spielen?	prima	/	1	2	14	3	3	6	11
24. Politik ist Mä.-s.	falsch	3	2	2	15	4	2	6	11
25. Mä.u.Fr.Wert wie M.?	falsch	5	6	8	13	14	9	12	14
27. Richtig,daß M.bess.B.	falsch	1	2	6	12	8	8	8	12
28. Mä. nicht studieren	falsch	7	14	15	14	12	14	16	14
31. Besser M.od.Fr.sein?	egal	6	3	7	14	8	10	11	11
32. Wann Kind Meinung sag.?	betrifft	10	7	8	11	5	9	12	9
34. Ju. darf Mä.schlagen?	z.wehren	7	8	9	13	9	11	10	12
35. Mutter Berufstätig?	ganztags	1	3	/	1	1	1	/	1
	halbtags	4	5	5	5	4	3	5	1
	ev.Stdn.	3	3	3	3	3	2	5	6
Gesamt:		111	125	154	257	151	155	170	228
in %:		41%	47%	54%	79%	56%	58%	59%	86%

Der genaue Wortlaut der Fragen findet sich auf Seite 67 ff.

Problem der Gewalt glücklicherweise nicht sehr akut ist. Nur selten wurden die Fragen mit einem eindeutigen Ja beantwortet.

Aus dem Gebiet der Freizeit ist die Frage 23 (s. S. 71) hochinteressant: die Zahlen zeigen, daß die Bemühungen um einen emanzipatorischen Sportunterricht der Probandenklasse in der Weise Erfolg hatten, daß einem Mädchen das Recht eines traditionellen Männersports zugebilligt und außerdem den Jungen und Mädchen die Möglichkeit eines gemeinsamen Freizeitsports eröffnet wird. Die signifikant niedrigen Werte in den Parallelklassen legen den Schluß nahe, daß auf dem Gebiet des Sports und der Freizeitgestaltung offensichtlich die Idee der Koedukation sich noch nicht durchgesetzt hat. Dabei wird es in

der kommunikationsarmen Massengesellschaft wichtiger denn je, den Schüler zu befähigen, seine Freizeit gemeinschaftlich und nicht geschlechtsspezifisch isoliert zu gestalten.
Es wurde im theoretischen Teil behauptet, das Spielzeug stelle ein wichtiges Mittel der Erwachsenen dar, die Rollen von Mann und Frau patriarchatskonform einzuüben. Wie gezielt diese Einübung bei 10-jährigen Kindern schon erfolgt ist, zeigt die Frage 20 (»Ordne das Spielzeug zu«). *Nicht ein einziger Junge der Klassen X, Y, Z billigt den Mädchen oder zumindest »beiden« das Spielen mit einer elektrischen Eisenbahn zu.* Aber auch die Mädchen erheben keinerlei Anspruch auf dieses technische Spielzeug. Ähnlich verhält es sich mit dem »Werkzeug« und den »Flugzeugen zum Selberbauen«, die allein den Jungen vorbehalten sind. Dafür werden dann die Mädchen durch Puppen und Kochherd rechtzeitig auf ihre künftige Hausfrauen- und Mutterrolle dressiert. Der Begriff »Dressur« scheint in der Tat angebracht, betrachtet man sich die eindeutige Zuordnung. *Der Grad der Emanzipation ist hier wieder in der Sparte »beide« abzulesen.* Wenn dort bei den Schülern der Probandenklasse im Vergleich zu den anderen hohe E-Werte festzustellen sind, so möchten wir dabei auf unsere Ausführungen im praktischen Teil auf S. 51 f hinweisen, wo gerade das Spielzeugproblem ausführlich behandelt worden ist. Unter Berücksichtigung dieser Tatsache hätten die Werte eigentlich noch höher sein können.
Gleichzeitig kristallisiert sich heraus, wie schwer es ist, Vorurteile und Klischees im Konfliktfeld Schule/Eltern abzubauen. Auch bei der Probandenklasse liegt der Schwerpunkt des »gemeinsamen Spielzeug« bei »Arztkasten« und »Steiff-Tiere«, wenngleich auch nicht so konstrastriert wie in den anderen Klassen. Eine Erklärung liegt möglicherweise darin, daß die »Arztkästen« an die Tradition der »Doktorspiele« knüpfen und die »Steiff-Tiere« durch gezielte Werbung ihren Rang als Gemeinschaftsspielzeug erhalten. Wie auch auf S. 52 dargestellt, müssen Kinder lernen, sich gemeinsam mit jedem Spielzeug zu beschäftigen, denn die sogenannten »Interessen«, die angeblich

mit zunehmendem Alter differieren, werden von den Erwachsenen systematisch gesteuert.
Wer meint, diese Manipulationstechnik und ihre Auswirkungen verharmlosen zu können, wird durch die Frage Nr. 15, Tabelle IIa, eines besseren belehrt: dort ist *mit erschreckender Deutlichkeit zu erkennen,* daß fast alle Jungen der Klassen X, Y und Z meinen, die *Mädchen könnten eher dumm sein als Jungen.* Viel schlimmer noch — die Jungen dürfen sich dank ihres Geschlechts nahezu alle »Untugenden« leisten. Sie dürfen vor allem *frech* sein (männliche Aggression!), aber auch *schmutzig, unordentlich* und *unpünktlich.* Den Mädchen bleibt es dafür vorbehalten, *faul, dumm* und allenfalls unpünktlich zu sein. Dabei ist dieses Vorurteil bei den Mädchen selber noch ausgeprägter als bei den Jungen. Am eindrucksvollsten zeigt sich das bei den 14 Mädchen der Klasse X: bis auf eine Ausnahme billigen sich alle Mädchen keine einzige »unmoralische« Eigenschaft zu, während die Jungen so ziemlich alles sein dürfen. Interessant ist dabei noch die Feststellung, daß im Urteil der Jungen die Festsetzung der »schlechten« Eigenschaften bei Jungen und Mädchen umgekehrt proportional ist. Also: 25 von 43 Jungen glauben, sie könnten ruhig frech sein, 2 von 43 billigen das aber nur den Mädchen zu. Das läßt sich folgendermaßen grafisch darstellen:

Urteil der Jungen über schlechte Eigenschaften

	Jungen dürfen sein	Mädchen dürfen sein
frech	25 von 43	2 von 43
schmutzig	22 von 43	2 von 43
unordentlich	17 von 43	2 von 43
unpünktlich	15 von 43	8 von 43
faul	13 von 43	12 von 43
dumm	2 von 43	24 von 43

Wir glauben ohne Übertreibung sagen zu dürfen, daß hier ein wesentlicher Erfolg des Sexualkundeunterrichts abzulesen ist: *weder ein Junge noch ein Mädchen der Probandenklasse halten*

Dummheit für eine akzeptable Schwäche. Ähnlich wie bei den anderen Fragen, ist auch hier der E-Wert aus der Sparte »beide« abzulesen. Die Addition macht einen deutlichen Vorsprung der Probanden sichtbar.

Die Tatsache, daß gerade die Jungen der anderen Klassen in Frage 36, Tabelle IIb, als wichtige Eigenschaft einer Frau die Klugheit betonen, erscheint zunächst als Widerspruch aufgrund der oben analysierten Eigenschafts-Konzessionen, wo sie doch meinten, Mädchen könnten ruhig dumm sein. Im Grunde sind diese Antworten zur »Frau« aus kindlicher Sicht logisch. Denn die Eigenschaften einer Frau sind für die Kinder diejenigen der Mutter. Das beweist auch die konforme Beantwortung der Frage nach den Eigenschaften der Mutter (Nr. 40, Tabelle IIIa). Da die Mutter u. a. bei den Hausaufgaben helfen muß und an der geistigen Erziehung wesentlichen Anteil hat, muß die Mutter, d. h. also auch eine Frau, klug sein. Auf der anderen Seite wird den Kindern von der Umwelt das Klischee der »dummen Gänse« suggeriert — Mädchen haben ihre Qualitäten im irrationalen Bereich (vgl. Aufgabenverteilung: Frau — Kleiden, Kochen mit »Geschmack«; Mann — Lampe reparieren mit »Verstand«; und Spielzeugverteilung: Mädchen — Puppen mit »liebevoll, gefühlvoll«; Jungen — technische Sachen mit »verstandesgemäß, rational«).

Dabei vollziehen die Kinder noch nicht den logischen Schritt, daß aus dummen Mädchen ja keine klugen Frauen und Mütter werden können. Bis auf ein paar Einzelerscheinungen gab es bei der Beurteilung der Eigenschaften für Mann und Frau keine signifikanten Unterschiede zwischen den Probanden und den anderen Klassen. Recht eindeutig hielten Jungen und Mädchen beim Mann die Eigenschaften »klug, fleißig« und kinderlieb für wichtig, bei der Frau mit großer Mehrheit »gut kochen, klug« und kinderlieb. Hierbei lagen eindeutig Assoziationen mit den Eltern zugrunde, denn in den Fragen 38 und 40, Tabelle IIIa, werden dieselben Fähigkeiten in ähnlichen Relationen genannt.

Hier ein Vergleich aller addierten Werte aus den 4 Klassen:

	MANN		VATER	
	Jungen	Mädchen	Jungen	Mädchen
kinderlieb:	37	27	39	34
fleißig:	26	24	35	29
klug:	45	36	33	29

	FRAU		MUTTER	
	Jungen	Mädchen	Jungen	Mädchen
kinderlieb:	36	38	34	29
gut kochen:	32	37	46	44
klug:	39	27	31	24

Zur letztgenannten hochgeschätzten Frauen- und Muttertugend (gut kochen) kann man abschließend bemerken, daß die Mädchen der Probandenklasse eine vom Elternhaus abweichende Einstellung beweisen: sie hielten zwar bei ihrer Mutter die Kochqualitäten für wesentlich (11 P.), erachten es aber nicht unbedingt als eine wichtige Fraueneigenschaft (6 P.). Das läßt darauf schließen, daß sie wohl ihre Mutter diesbezüglich achten und schätzen, sich aber doch zu gegebener Zeit anders verhalten werden. Diese Behauptung ließe sich aber nur durch langfristige Beobachtungen der Testpersonen belegen.

SCHLUSSBETRACHTUNG

Wenn von einem reichen Literaturangbot auf dem Gebiet der Sexualkunde gesprochen wurde (vgl. S. 25), so muß auch festgestellt werden, daß es ausgesprochen wenige Arbeiten zu konkreten Unterrichtsversuchen gibt. Außer den bereits zitierten »Richtlinien« gibt es noch keine offiziellen Lehrpläne oder didaktisch-methodische Unterrichtsvorschläge. Trotzdem sollte die 4-jährige Arbeit in dem Fach Sexualerziehung über ein versichtiges Herantasten an die Thematik hinausgehen, und die Vermittlung theoretisch gesicherter Erkenntnisse in kindgemäßer Form zum Inhalt haben.

Es muß kritisch angemerkt werden, daß manche Kinder bezüglich der Komplexität des Themas überfordert waren. Die Tatsache, daß die Kinder mit großem Interesse und Eifer ihre Mappen zur Sexualkunde zuhause vervollständigten, darf nicht darüber hinwegtäuschen, daß es auch ein erhebliches Mehr an Arbeit bedeutete.

Die Anerkennung dieser Kritik darf aber auf keinen Fall der Forderung Raum geben, mit der Sexualerziehung müsse später begonnen werden. *Durch den Test ist aufgedeckt worden, daß schon bei Schülern der 4. Klasse Verhaltensformen einseitig festgelegt und durch Genuskategorien fixiert sind.* Vergleichende Unterrichtsdurchführungen machten besonders deutlich, wie sehr die meist negative Einstellung zur Sexualität schon geprägt ist. Eine erst jetzt beginnende Sexualerziehung hat es wesentlich schwerer, die genannten Ziele zu erreichen. Wenn wir auch einräumen müssen, daß manche Schüler Verstehensschwierigkeiten bei den soziologischen und psychologischen Aspekten hatten, sehen wir uns in der Annahme bestärkt, daß eine rechtzeitige und konsequente Sexualerziehung eine wichtige Voraussetzung für die Emanzipation der Frau darstellt.

Sicher ist in dem Zusammenhang zu fragen, wie weit von einer gefestigten Grundlage des Emanzipationsgedankens gesprochen werden kann.

Wenn auch emanzipatorische Ansätze in den aktuellen Lebensbereichen von Schule und Freizeit nachgewiesen werden konnten, ist damit noch nicht sichergestellt, daß sich die Schüler in den folgenden Entwicklungsphasen entsprechend verhalten werden.
Wir sind aber davon überzeugt, daß die entscheidenden sexualkundlichen Informationen der ersten 4 Schuljahre als »Basaldaten« bezeichnet werden können, die den Schülern ein grundlegendes Wissens- und Verhaltensrepertoire verfügbar machen. Weiterführender und auf dieser Grundlage aufbauender Unterricht in den folgenden Schuljahren ist die nächste Voraussetzung für eine durchgreifende Frauenemanzipation.
Die Erarbeitung von Lehrplänen und Unterrichtsmodellen auf der Grundlage eines emanzipatorischen Konzepts muß die vorrangige Aufgabe einer kritischen Didaktik der Sexualerziehung in allernächster Zeit sein.

LITERATUR

Combe, Arno: Kritik der Lehrerrolle, München, List-TB 1662, 1971

Friedan, Betty: Der Weiblichkeitswahn oder die Selbstbefreiung der Frau, Reinbek 1970

Giese, H.: Das Geschlechtsleben in unserer Zeit, 1, München, o. J.

Handbuch zum Unterricht, Grundschule, Starnberg 1973, hier: A. Kunstmann, Sexualerziehung

Hofmann, W.: Universität, Ideologie und Gesellschaft, Frankfurt 1969³

Hunger, Heinz: Das Sexualwissen der Jugend, München-Basel 1967

Hunter, T. A.: Sexualität und Ehe, München 1968

Jaeggi, Urs: Herrschaft und Macht in der BRD, Frankfurt 1969 ff. Neu unter dem Titel: Kapital und Arbeit in der Bundesrepublik, Frankfurt 1973, Fischer-TB 6510

Kentler, H.: Sexualerziehung, Reinbek 1970

Kunstmann, A.: Frauenemanzipation und Erziehung, Starnberg 1971, 2. erweiterte Auflage 1972

Millet, Kate: Sexus und Herrschaft, München 1971

Ockel, G. / Gobbin, H. Ch. / Bauer, J.: Sexualerziehung in der Grundschule, Frankfurt 1969

Ockel, G.: Dein Weg zum anderen Geschlecht, Darmstadt

O'Neill, Nina und George: Die offene Ehe, München 1972

Reiche, R.: Sexualität und Klassenkampf, Frankfurt 1968

Schulbehörde Hamburg: Richtlinien für den Sexualkundeunterricht an den Schulen der Freien und Hansestadt Hamburg, 1970

Thönnessen, W.: Frauenemanzipation. Politik und Literatur der Deutschen Sozialdemokratie zur Frauenbewegung 1863—1933, Frankfurt 1969

Verch, Klaus: Sexualerziehung — Lehrmappe zur Unterrichtung in der Familie, Laufenberg-Verlag St. Augustin-Niederpleis 1970

ders., Der unbekannte Körper, Wuppertal 1969

ZDF-Sendung vom 29. 10. 1972: Im Schatten des Mannes

Oevermann, U.: Sprache und soziale Herkunft, Frankfurt 1972

ANMERKUNGEN

1 Richtlinien, a.a.O., S. 6.
2 H. Hunger, Das Sexualwissen, a.a.O., S. 20/21.
3 ebenda, S. 17.
4 Richtlinien, S. 6.
5 ebenda.
6 ebenda.
7 ebenda, S. 9.
8 ebenda.
9 ebenda, S. 4.
10 ebenda.
11 ebenda, S. 9.
12 ebenda, S. 10.
13 Urs Jaeggi, Herrschaft und Macht in der BRD, a.a.O., S. 172.
14 Ockel, Ruthe, Barnett, zitiert in: Kentler, Sexualerziehung, a.a.O., S. 61—67.
15 Ruthe, zitiert in: Kentler, Sexualerziehung, a.a.O., S. 64.
16 Das Plädoyer für eine schulische Sexualerziehung und deren Lernzielbestimmungen haben selbstverständlich Konsequenzen für die Lehrerausbildung, die im Rahmen dieser Arbeit jedoch nicht näher erörtert werden.
17 Einen guten Überblick zu diesem Thema gibt A. Kunstmann, Frauenemanzipation und Erziehung, a.a.O.
18 Kunstmann, Frauenemanzipation, a.a.O., S. 57.
19 zitiert ebenda, S. 62.
20 Auf die heutige gesellschaftliche Funktion der Frau wird noch im Abschnitt „Rolle der Frau in der Bundesrepublik" hingewiesen.
21 Wir sind uns der Problematik des Partnerschaftsbegriffes wohl bewußt, müssen seine weitergehende Interpretation aber hier ausklammern.
22 Es genügt beispielsweise nicht den Jungen auch zu „weiblichen" Tätigkeiten zu erziehen, wenn diese nicht gleichzeitig aus ihrem diskriminierenden Rang erhoben werden.
23 Kunstmann, a.a.O., S. 125.
24 O'Neill, Nina und George, Die offene Ehe, a.a.O., S. 15.
25 Kate Millet, Sexus und Herrschaft, a.a.O., S. 42.
26 „Ideologie ... als gesellschaftliche Rechtfertigungslehre. Ideologien sind unzutreffende ... Aussagen an deren Entstehen, Verbreitung und Bewahrung sich geschäftliche Interessen ... knüpfen. Ideologien sind Ausdruck der Interessen des überlegenen Teils der Gesellschaft." (aus: W. Hofmann, Universität, Ideologie und Gesellschaft, a.a.O., S. 54 f.).
27 Betty Friedan, Der Weiblichkeitswahn, a.a.O., S. 32.
28 Millet, a.a.O., S. 33.
29 ebenda, S. 44.
30 ebenda.
31 vgl. Friedan, a.a.O.
32 Kunstmann, a.a.O., S. 56.
33 Arno Combe, Kritik der Lehrerrolle, a.a.O., S. 13.

34 Diese und die folgenden Ausführungen beziehen sich nicht auf die bürgerliche Mittel- und Oberschicht, sondern auf die breite Masse der Unterschicht — wir bedienen uns dabei des Schichtenbegriffs von U. Oevermann (Sprache und soziale Herkunft, a.a.O., S. 112/113).
Wie im historischen Abschnitt bereits dargelegt, haben sich die bürgerlichen Emanzipationsbestrebungen mit ihren formalen Forderungen nach Gleichberechtigung in großen Teilen durchgesetzt. Da Frauen in mittleren und oberen Berufsschichten meist das gleiche Gehalt wie Männer beziehen, ist eine ökonomisch einseitige Rollenverteilung hier nicht mehr gegeben und Emanzipation muß als Privileg einer bestimmten Schicht angesehen werden. Denn ganz anders sieht es beim Heer der Werktätigen und der „einfachen Berufe" aus.
35 Enzyklopädie 2000.
36 siehe hierzu: W. Thönnessen, zitiert nach Millet, a.a.O.
37 ZDF-Sendung, a.a.O.
38 Millet, a.a.O., S. 52.
39 ebenda.
40 ebenda.
41 Stoller, zit. in Millet, a.a.O., S. 38.
42 zitiert nach Millet, a.a.O., S. 38.
43 ebenda, S. 39.
44 Millet, a.a.O., S. 40.
45 Esther Vilar, Der dressierte Mann, a.a.O.
46 nach H. Giese, Das Geschlechtsleben in unserer Zeit, a.a.O., S. 320/321.
47 Millet, a.a.O., S. 71.

Reihe Gesellschaft und Erziehung herausgegeben von Werner Raith

herausgegeben von
Werner Raith

ISBN 3–921121–45–0
552 Seiten, Pb., DM 19,80

herausgegeben von
Rolf Tybl und
Hellmuth Walter

ISBN 3–921121–55–8
552 Seiten, Pb., DM 19,80

Alle »Handbücher« enthalten:

- einführende Artikel zur Definition, über entwicklungs- und lernpsychologische Grundlagen, pädagogische Strategien usw.
- Aufklärung über Rechte und Pflichten des Lehrers und Möglichkeiten emanzipatorischen Unterrichts.
- Artikel über die einzelnen Fächer der jeweiligen Schulstufe. Darin:
- Darstellung der herkömmlichen Interpretation des Faches,
- eine alternative, emanzipatorische Deutung des Faches,
- Abdeckung der Alternative durch die Lehrpläne in der BRD,
- Konkretisierung durch praktisch erprobte Lernzielkataloge, Unterrichtseinheiten und Stundenmodelle.
- Ein umfangreiches Register macht das Handbuch zum schnell benutzbaren Nachschlagewerk.

Projekte im Unterricht

Maximilian Nutz / Christl Stumpf / Klaus Weinzierl
FRIEDENSFÄHIGKEIT UND POLITISCHES LERNEN
112 Seiten, Pb., DM 5,80 ISBN 3—921121—47—7

Wolf-Dieter Lugert
ZUR KRITIK BÜRGERLICHEN UNTERRICHTS
Modelle zur Wirtschafts- und Arbeitslehre
144 Seiten, Pb., DM 6,80 ISBN 3—921121—50—7

Zur Thematik des vorliegenden Bandes erschienen im RAITH VERLAG ferner:

Antje Kunstmann
MÄDCHEN
Sexualaufklärung — emanzipatorisch
92 Seiten, 30 Abb., Pb., DM 7,80 ISBN 3—921121—32—9

Elisabeth Holzinger / Heidrun Mende
WIDER DIE SKLAVENREPRODUKTION
Erziehungspraxis contra Rollenfixierung
224 Seiten, Pb., DM 11,80 ISBN 3—921121—34—5

Antje Kunstmann
FRAUENEMANZIPATION UND ERZIEHUNG
192 Seiten, Pb., DM 10,80 ISBN 3—921121—40—X

WÖRTERBUCH KRITISCHE ERZIEHUNG
Herausgegeben von Eberhard Rauch / Wolfgang Anzinger
4. erweiterte und überarbeitete Auflage
396 Seiten, Pb., DM 14,80 ISBN 3—921121—49—3